JN076578

大学受験 志望校に「合格する子」の親がやっている6つのこと

AXIV ACADEMY 代表
鈴木優志
YUJI SUZUKI

はじめに

大学受験生の子をもつ親にとって、心配事・悩み事は尽きません。

高校受験と違い、大学受験では求められる知識が多く、専門性も高まります。親がしてあげられることにも限りがあり、それゆえに心配に拍車がかかってしまう面もあるでしょう。さらに受験生は多感な年ごろでもあるため、親から干渉されるのを嫌がる傾向もあります。良かれと思って発した一言が裏目に出て、親子喧嘩になってしまう、ということも珍しいことではありません。

本人の努力なくして合格を手にできないことは確かです。ですが、学校や塾・予備校といったプロにすべてを任せて、学力さえ上がれば無事に合格できるかといえば、決してそのようなことはありません。

長年、予備校を運営し数多くの受験生やその親と接するなかで、私は「受験は受験生一人の努力だけではなく、家族のサポートが欠かせないものである」との思いを抱き続けてきました。

そうした思いに至った理由は、最近の大学受験ならではの大きな二つの傾向——一つは人気のある「上位校・難関校の倍率上昇」、そしてもう一つが「受験形式の多様化」にあります。

今、都市部の上位校・難関校では、合格者数が絞られる傾向にあります。都市部の大学に受験者が集中するのを防ぐことを目的に、定員を超過した入学者を出した大学には、補助金を交付しないというルールを国が厳格化したためです。これにより、大学のなかでも特に人気がある都市部の上位校・難関校は、志望者数は大きく変わらないのに、倍率が倍近くになるなど、以前にも増して狭き門になっています。私立大学の3割が定員割れしていることから、今や選り好みさえしなければ、誰もが大学に入れる時代になっています。その一方で、上位校・難関校には合格しづらくなっている。そうした〝二極化〟が進んでいるのが、大学受験の現状といってよいでしょう。

そしてもう一つの受験形式の多様化については、特に私立大学で年々その傾向が強まっています。総合型選抜や学校推薦型選抜、共通テスト利用入試、全学部統一入試、英語外部検定試験利用入試など、一般的な学部別入試以外に、さまざまな試験方法が用意されています。

これはあくまでも私見ですが、入試の選択肢を広げることで受験者数を増やし、確実に入学者を確保したいという大学側の思惑があるのでしょう。

確かに受験形式の多様化は、合格のチャンスが増えるという点では受験生にとって大き

図表0−1　早稲田大学　一般入学試験およびセンター試験利用入試試験結果

年	募集人員	総志願者数	総合格者数
2016	5,580	108,039	17,541
2017	5,550	114,983	15,840
2018	5,555	117,209	13,967
2019	5,415	111,338	13,962
2020	5,415	104,576	13,498

2016年と2020年を比較すると
約4000人合格者数減

出典:「一般入学試験およびセンター試験利用入試試験結果」(2016年度から2020年度より一部抜粋)

なメリットではありますが、選択肢が多すぎて悩みの種にもなっています。

共通テスト利用だけを見ても、受験科目や配点は大学によってさまざまですし、その結果だけで合否を判定する大学もあれば個別試験を課す大学もあり、複雑化しています。志望校の入試内容がどのような形式になっているのか受験生が正しく把握し、それに対する対策を立てるのは相当に骨が折れる作業です。しかもこの受験に関する情報を的確につかんでいるか否かが、志望大学の合否を左右する非常に大きなポイントにもなっています。

たとえば、大学のなかには一般入試よりも推薦入試のほうが受験科目は少なく、募集定員が多く、倍率が低いところがあります。もし、そのような大学を志望するのなら一般入試ではなく、推薦入試で受験するほうが合格する可能性が高いといえます。推薦入試で受験するのなら、一般入試とは異なる受験戦略が求められることになりますし、「推薦入試の形態」「合格の条件」などの情報を集めることが必要になります。

このように合格の可能性を高めるためには、受験に関する情報を幅広く集め、そのなかから有益な情報を選び、活用する姿勢が求められるのです。

しかし覚えること、やることがたくさんある受験生には、多くの情報を収集し取捨選択する時間はありません。その時間があるのなら、むしろ勉強に充てるべきです。

では、誰が情報収集をするのか――そこで必要になるのが、親である皆さまのサポートです。

大学受験における親と子の意識のギャップについて、興味深いデータがあります。受験・教育にまつわる情報を発信している「リセマム」が2020年度入試を控える大学受験生とその親に行ったアンケート調査によると「入試制度や受験のスケジュールについて、親にどのくらい知っていてほしいですか」という受験生への質問について「自分よりも知っていてほしい」(16・0%)、「自分と同じくらい知っていてほしい」(34・0%)、「ある程度知っていてほしい」(42・0%)と、実に9割以上の大学受験生が「知っていてほしい」と考えていることが明らかになりました。その一方で、「入試制度やお子様の志望校について、どのくらい理解していますか」という親への質問では、「よく知っている」という回答は19・0％と、2割に達していないことがわかりました。

しかし、複雑多岐にわたる試験制度を把握し、学力と照らし合わせて戦略に落とし込んでいくことは、大人でもそう簡単にできることではありません。

受験生が参考書でわからない問題を解決するように、受験にまつわる親たちの悩みや疑問を解決できる参考書が必要ではないだろうか……。そのような思いのもと、日々現場で生徒やその親から見聞きしてきたリアルな悩みの解決策をまとめたのが本書です。

受験生の親として知っておくべき情報を、【動機付け】【目標設定】【志望校選び】【モチベーション】【学校、塾・予備校の活用法】【フォローアップ】の6つのポイントに分けて解説します。

大学受験という経験を通じて、子どもは精神的に大きく成長していきます。

自分の将来について本気で考え、目標を設定し、情報収集をして戦略を練って、行動に移すというのは、今までにない試練といえます。正しい判断ができないこともありますが、何もかも手出しするのではなく、ときに見守り、情報提供に徹して、意思決定は本人にゆだねることも必要です。親がなんでも決めてしまうと、本人の成長につながらないばかりか、万が一後悔するようなことがあった際には親のせいにすることにもなりかねません。**親は〝寄り添う〟というスタンスで受験に関わっていくというのが本書の主旨です。**

受験生にとって、相談できる味方が身近にいることは必ずプラスに働きます。まずは子どもがチャレンジしていることに対して前向きに関わる気持ちをもつことが、受験生の親には求められるのです。

本書が、皆さまの大切なお子さま方が志望する大学に合格する一助となり、より良い人生を切り拓いていくきっかけとなれば、これに勝る喜びはありません。

本書の内容は、2021年3月末時点の情報を基に作成しています。予告なく内容が変更になる場合があります。受験科目・受験形式等については、必ず事前に各大学や試験実施団体の公式サイト等の情報を参照し、最新の情報を得るよう注意してください。

POINT 1 動機付け

大学受験は自分のものであると意識させる

POINT 2 目標設定

「4分類」で子どもの受験意欲を高める

POINT 3 志望校選び

最初の選択が合格率を飛躍的に高める

POINT 4 モチベーション

子どものやる気を持続させるために親ができること

POINT 5

学校、塾・予備校の活用法

残された時間を無駄なく効率的に使う

POINT 6

フォローアップ

心の変化に合わせた受験生への接し方

装幀　佐々木博則
図表　桜井勝志
編集協力　鈴木健一
組版　宮地茉莉

POINT 1

動機付け

大学受験は自分のものであると意識させる

子どもに勉強をさせようと、評判の良い参考書をインターネットで探したり、塾・予備校に話を聞きに行ったり、ママ友に相談したりなど、いろいろと試行錯誤している人は少なくないでしょう。

「高校受験のときには目標を高くもってがんばっていたのに、高校に入ってからはスマホばかりいじっている」「自分は勉強ができないと、はなから諦めている」「言い訳ばかりで全然勉強をしようとしない」……。私が運営する予備校にも、こうした悩みや相談が受験生の親御さんから数多く寄せられています。しかし、周りがどんなに必死になって働き掛けても、本人の気持ちが〝受験モード〟にならなければどうしようもありません。

子どもの気持ちを受験に向かわせるためには〝受験モード〟になるための後押しをしてあげる必要があります。〝受験モード〟になってしまえば、自分から目標をもって勉強に向かうようになるのです。

この章では、私が予備校で、生徒のモチベーションを高めるために行っていることのなかから、特に効果が高かったものを紹介していきます。「これは使えそうだ」と思うものがあれば、ぜひ、試してみてください。

大学受験は自らの価値を高められる最も効果が大きなイベント

大学に行くことの意味とは何でしょうか。

社会では、学歴が通用しない厳しい場面に直面することが多々あります。また、人一倍努力を重ねたり、才能を存分に発揮したりして、大学を卒業していなくても大成功を収めている人もいます。

学歴が人生のすべてではないのは確かですが、企業への就職試験や専門職に就く際に、「4年制大学卒業」を応募の最低条件として掲げているところが少なくありません。その場合、せっかくやりたいことが見つかっても、どれほど人格的に優れていても、「大学卒業」という資格がないばかりに諦めなければならなくなります。その意味では、大学を卒業しておいたほうが、将来の可能性や選択肢が広がるといえるでしょう。

ここではそうした今の社会の状況を前提として、大学受験の意義について考えていきます。

子どもに受験に対する意欲をもってもらうために、私は「受験＝今後55年間の自分の価値を高めるための、最も効果的な短期間のイベント」だとよく生徒たちに話しています。

図表1−1　高校生からみた人生の残りの時間

性別	平均寿命	健康寿命
男	81.41 歳	72.14 歳
女	87.45 歳	74.79 歳

健康寿命	73 歳
受験	18 歳
残りの健康寿命	55 年

出典：平均寿命「令和元年 簡易生命表」厚生労働省を基に作成
健康寿命「健康寿命と平均寿命の推移（平成28年）」厚生労働省を基に作成

自分の残りの人生の価値を少しでも高めるためには、受験勉強をして大学に入ることが近道であるということです。

ここで子ども自身の残りの人生、つまり人生で残された時間について考えてみましょう（図表1−1）。

2016年時点の日本人の健康寿命（介護を受けたり、寝たきりになったりせずに生活できる寿命）は、男性が72・14歳、女性が74・79歳です。この間をとると、73歳が日本人の平均的な健康寿命といえるでしょう。

高校3年生の時点における残りの健康寿命は、この73歳から18歳を差し引いた55年。つまり、高校3年生が「自分の残りの人生は何年あるのだろう」と考えるとすると、残りは55年ということになるわけです（また、73年間を日にちで考えれば、人生で健康でいられる日数は2万6600日あまり。18歳なら、すでに約6500日を使ってしまっていることになります）。

残りの55年というのはあくまでも平均の数字にすぎません。もしかしたら55年もないかもしれませんし、もっとあるかもしれません。しかし「残りの人生」が1日ずつ減っていくことは確かです。

「充実した人生＝勉強」というわけではありませんが、目的意識もなく惰性でテレビを見たり、SNSで時間を浪費したりすることが、限りある時間を大切に使っているといえるのでしょうか。

高校3年生にとって、どの大学に入るかによって、残りの55年間の人生は、変わってきます。よりわかりやすい言い方をすれば、進んだ大学によって、就くことのできる仕事や入社できる企業の水準、それによって得られる年収も大きく変わるということです。その結果、55年間に及ぶ人生の幸福感や満足度も異なってくるでしょう。

「将来の夢」を実現できるか否かも大学で決まってくる

高校生に「知っている企業は？」と尋ねても、あげられるのはせいぜいテレビのゴールデンタイムにＣＭを打っているような任天堂、ソフトバンク、ソニー、トヨタ、三菱ＵＦＪ銀行など、各業界のトップ３に入るような大企業ばかりでしょう。

一方、日本に限った話になりますが、現実社会では99％の企業が中小企業です。つまり、あまり知られていない企業に勤めている人のほうが圧倒的に多いのです。

「自分も誰もが知っている大手企業に入社できる」と将来に期待を寄せている子どもは少なくありませんが、現実にはそうした企業に入れる人はほんの一握りです。その一握りになれるのは、いわゆる上位校・難関校を卒業した人たちがほとんどです。

また、一般企業に属さない医師、薬剤師、弁護士、公認心理師などの専門職に就こうとする場合にも「どの大学に入るのか」が大きく影響してきます。

一例をあげると、薬学部に入ることができたとしても、薬剤師になる資格を取得するための薬剤師国家試験の合格率は大学によって37・９０％から97・５０％と大きな差があります（「第１０５回薬剤師国家試験 大学別合格者数」厚生労働省医薬・生活衛生局）。

そうした情報が前もってわかっていれば、将来のために少しでも資格試験に合格できる確率の高い大学に入りたいと思うのではないでしょうか？

足が速くて運動会でヒーローになれる人、サッカーが上手で人気者になれる人……。このように人間には才能というものがあり、それをもつ者は大きな注目や称賛を集めます。

しかし、勉強ほど才能を努力でカバーできるものはないと思います。

実際に、家族や周囲の想像を超えて、学力を大きく伸ばして志望大学に合格し、自分のなりたい職業に就いた生徒は少なくありません。

正しい勉強法を実践することで、学力は確実に向上します。つまり、大学受験によって人生の大逆転を起こすことが可能なのです。

大学受験は、子どもの人生にとってまさに大きなターニングポイントです。親として、そのことを真剣に自分の言葉で伝えてほしいと思います。

「今からなら努力次第で将来なんにでもなれる。目標をもって全力で生きてみたら」、あるいは「好きなことがあれば専門学校で究(きわ)めるという方法もある」などと、子どもに対して、親としての思いを真正面からぶつけてみてください。

大学卒業（受験勉強＋大学4年間＋学費）＝自分の努力で能力証明書を買うこと

自らの努力とがんばりによって人生の価値を変えられる、ということの意味を、大学にかかる費用という観点からも説明してみたいと思います。

国立大学に進学する場合、文系、理系ともに、大学4年間の平均学費は、図表1－2に示したように、242万5200円になります。

一方、私立大学に進学する場合、大学4年間の平均学費は文系で426万2965円、理系で564万7081円です。

日本学生支援機構の「学生生活調査（平成30年度）」によると、多くの人が進学する私立大学の場合、学費と生活費を合わせると毎年約200万円（アパート等に一人暮らしの場合では約250万円）かかるとされています。つまり大学を4年間で卒業するまでに約800～1000万円が必要となってきます。

これは〝大学で学ぶ資格〟を買う費用ともいえますが、高級外車や中古のワンルームマンションを購入することができるくらい大きな金額です。つまり800～1000万円を払って手に入れられるという意味では、〝大学で学ぶ資格〟も高級外車もワンルームマン

図表1−2　大学4年間で必要な費用

平均	入学金	年間授業料	施設設備費	実験実習費・その他	初年度納付金	卒業までの学費
国立大学	282,000円	535,800円	—	—	817,800円	2,425,200円（4年）
公立大学	392,391円	528,734円	—	—	931,125円	2,547,327円（4年）
私立 文科系学部	229,997円	785,581円	151,344円	71,317円	1,245,863円	4,262,965円（4年）
私立 理科系学部	254,309円	1,105,616円	185,038円	57,539円	1,661,318円	5,647,081円（4年）
私立 医歯学系学部	1,073,083円	2,867,802円	881,509円	1,411,857円	6,392,413円	32,040,091円（6年）

※国立大学は国が示す標準額。公立大学入学料は地域外からの入学者の平均額。
※国立大学でも、施設設備費・実習費などを徴収するところが増えてきている。

出典:「令和元年度 国公私立大学の授業料等の推移」文部科学省
「平成30年度 私立大学入学者に係る初年度学生納付金平均額（定員1人当たり）の調査結果について」文部科学省を基に作成

ションも〝同じ価値〟と考えることができます。

しかし、〝大学で学ぶ資格〟は、そうした高級外車やマンションなどのモノとは大きく異なる点があります。それは、「自分の努力で価値を大きく変えることができる」という点です。

一般的に偏差値の高い大学のほうが、就職活動でつぶしが利く・有利に働くとされています。その意味では、同じ800〜1000万円でもその後の人生で得られるものが異なってくるといえるのではないでしょうか。

800〜1000万円を払って〝自分の能力の証明書〟を買う——この高額の買い物の価値を少しでも高めることができるの

は自分自身の努力だけです。

このように「同じお金の価値を変えられる」という視点から、子どもに受験勉強の意味を説明するのも効果的な動機付けになります。

高校生は今、戦後最大の受験改革の真っ只中にいる

現在、大学入試に関して〝戦後最大〟ともいわれる大きな改革が進められています。従来の「大学入試センター試験」は廃止され、2021年からは新たに「大学入学共通テスト」(以下、共通テスト)がスタートしました。この共通テストの中身は、思考力や判断力、表現力を一層重視したものとなっています。

また、大学ごとの入試においても、受験生を多面的・総合的に評価するものになることが想定されています。

今、高校生の子どもをもつ親御さんのなかには、このように大学入試が大きく変わる過渡期であることに対する不安や、大学受験という子どもにとって初めての経験を前に「親としてどのような対応をすればよいのか」という思いを抱いている人もいるでしょう。

しかも、予定されていた英語の民間試験導入や国語と数学における記述式問題の実施が

先送りされるなど、共通テストを巡り、混乱した状況がマスコミの報道などで伝えられてきました。そのため、受験生の親にとって、大学入試への心配の念は、より強まっているといえます。

高校生は大人でも難しい決断を短期間でしなければならない

「文系・理系コースのどちらに進むのか（文理選択）」「私立と国公立のどちらに行くのか」「学部の選択は？」「受験方式や受験科目はどうするのか」等々、受験までに決めるべきことは数多くあります。

特に最も重要な文理選択については、カリキュラムの関係上、高校に入って早い段階で決める必要があります。しかし、その決定はくれぐれも慎重に行わなければなりません。たとえば、「数学が得意だから理系にしよう」などと簡単に決めてしまうと、「やはり英語が好きだから○○大学の国際学部に入りたい」と職業や学部の変更で文転（理系から文系に変更すること）の必要が出た場合、理系科目の勉強時間が無駄になる可能性もあります。また、物理が受験科目に必須なのに得意不得意で生物を選択してしまうなど、選択科目によっては後になって受験しようと思っても受験できない大学や学部も出てきます。

「進路のことは専門家である学校や塾・予備校の先生に任せればよいのでは」と思う人もいるでしょう。もちろん相談には乗ってくれるでしょうが、学校や塾・予備校の先生だからといって皆が皆、子どもの将来を親身に考えて、さまざまな可能性を視野に入れた積極的な提案をしてくれるとは限りません。

進路は前もって考えておかないと、短期間で決断しなければならなくなるおそれがあります。**時間の余裕があるうちに検討することができれば、必要かつ有益な情報を多く集めることができ、有利に受験を進めることが可能になります。**

まずは親が正しい情報を取得し、子どもを導いてあげることが大切です。

「やらされ感」より「納得感」を促すほうが大学受験はうまくいく

子どもたちは「今」の時間をどう過ごすかで頭がいっぱいで、大学受験をすることで自分がどうなるのか、大学受験が何の役に立つのかを十分にはわかっていません。

そのため、「勉強をしないといけない」「勉強をしたほうがよさそうだ」とは思っていても、「めんどくさい」「わざわざ大変なことをする気になれない」という気持ちが先に立ってしまいます。

そこに周りから「勉強をしなさい」と言われても、ますますやる気を失うだけです。

親としては「この子のために言っているのに、なぜやらないんだ」と思ってしまうところですが、子どもの立場からすれば素直に勉強に向き合うことはできません。

そのような状態で無理やり勉強させても長続きしませんし、〝やらされている状態〟では成績も思うように上がらないので、「もうこれ以上、勉強はやりたくない」と負の連鎖が続くだけです。

子どもを受験勉強に向かわせる上で最も効果が高く、それゆえに真っ先にやるべきことは、「大学受験を自分のことだと理解させる」ことです。

具体的には、子どもに「受験勉強をする意味」を納得させること、大学受験の必要性をしっかりと理解させることです。

学歴社会の〝真実〟を教えて子どもの心を揺さぶる

大学に進学することの意味を伝えるときに、社会では最終学歴が重視されるという現実があることも教えておくことが望ましいでしょう。

学生の採用活動の際に、多くの企業は志望者の出身大学を非常に重要視します。

特に社会的評価の高い大手企業、有名企業は、簡単な仕事、誰でもできる仕事を行うのではなく、高度な知識や技術、他の企業ではできない優れたサービスを提供し、そこに会社としての価値を置いています。そうした企業の社員には高い能力が要求されますが、その前提として最低限の情報処理能力や暗記能力、実行力が求められます。

その土台があるかどうかを判断する上で、学歴は企業にとって大きな指標の一つとされているのです（もちろん学力がすべてではありませんし、採用の場面ではコミュニケーション力や大学時代の努力なども判断材料になります）。

また、「難易度の高い大学に入った学生は、受験勉強をがんばったといえる。同じように仕事もがんばるはずだ」と考える企業の採用担当者も多いでしょう。

社会に出たら自分がしたいことだけをして生きていけるわけではありません。嫌なこと、つらいことを受け入れたり、我慢したり、やりたくないこともやらなければなりません。受験勉強は多くの人にとっては、嫌なこと、つらいこと、やりたくないことです。それでも勉強をがんばってきた人は、すでに高校生のときから努力を惜しまなかったといえます。だからこそ難易度の高い大学の学生は企業に評価されるのです。逆に言えば、受験をがんばらなかった人は、仕事もがんばらないだろう、とみなされるおそれがあります。

このように難易度の高い大学に入れたということは、努力ができる人であることの証明

書を手に入れることでもあるのです。

この証明書は後から書き換えることはできません。入った大学を後から変えることは、そう簡単なことではないのです。最終学歴はその後の人生において非常に重要なものになるということを、しっかりと子どもに認識させておく必要があります。その際には、「自分が採用する側になって考えてごらん」などと言ってみると、よりイメージしやすくなるでしょう。

親の気持ちをぶつけることで子どもの気持ちが動きだす

これまでに述べたようなことを子どもに話すときには、向かい合って座り、「今日はちょっとまじめな話をしよう……」と切り出すなど、できるだけ普段話すときとは違う雰囲気をつくってほしいと思います。ただならぬ緊張感を与えることによって、親の真剣な思いが子どもにも伝わるはずです。親の気持ちを隠さず、なるべくストレートな言葉で子どもに伝えることが大切です。そうすることで、親の思いに応えようと、子どもの心には「だらだらしていてはいけない。将来に向けて真剣に考えて、改善して、勉強をがんばろう」という強い気持ちが自然に生まれます。

また、受験に関して子どもと真剣に話をする機会は一度だけではなく、繰り返し、できれば定期的にもつことをおすすめします。受験勉強を続けていくなかで、子どもは精神的に疲れたり、「もう勉強をしたくない」とやる気を失いかけたりすることがありますが、このような改まった場をもつことで、子どもの気持ちを引き締め、もう一度モチベーションを高める効果が期待できます。

子どもの気持ちを大学受験に集中させるためには、今、社会問題化している〝若者のスマホ依存〟の問題についても把握しておく必要があります。

図表1－3は、内閣府による青少年のインターネット利用時間についての調査結果です。

高校生がインターネットを利用するのに使っている機器の大半はスマートフォンです。多くの高校生がスマホに毎日4時間以上も大切な時間をとられています。

不明点を検索したり、YouTubeや学習アプリで学習したり、有効に利用している場合もありますが、別の統計でみると満10歳から満17歳までの青少年の勉強・学習・知育目的の利用時間は平均約37分と短く、スマホが使われている時間の大部分は、友達とSNSでだらだらとメッセージのやりとりをしたり、娯楽系の動画サイトを見たりするなど、受験勉強を進める上で〝無駄な時間〟となっています。

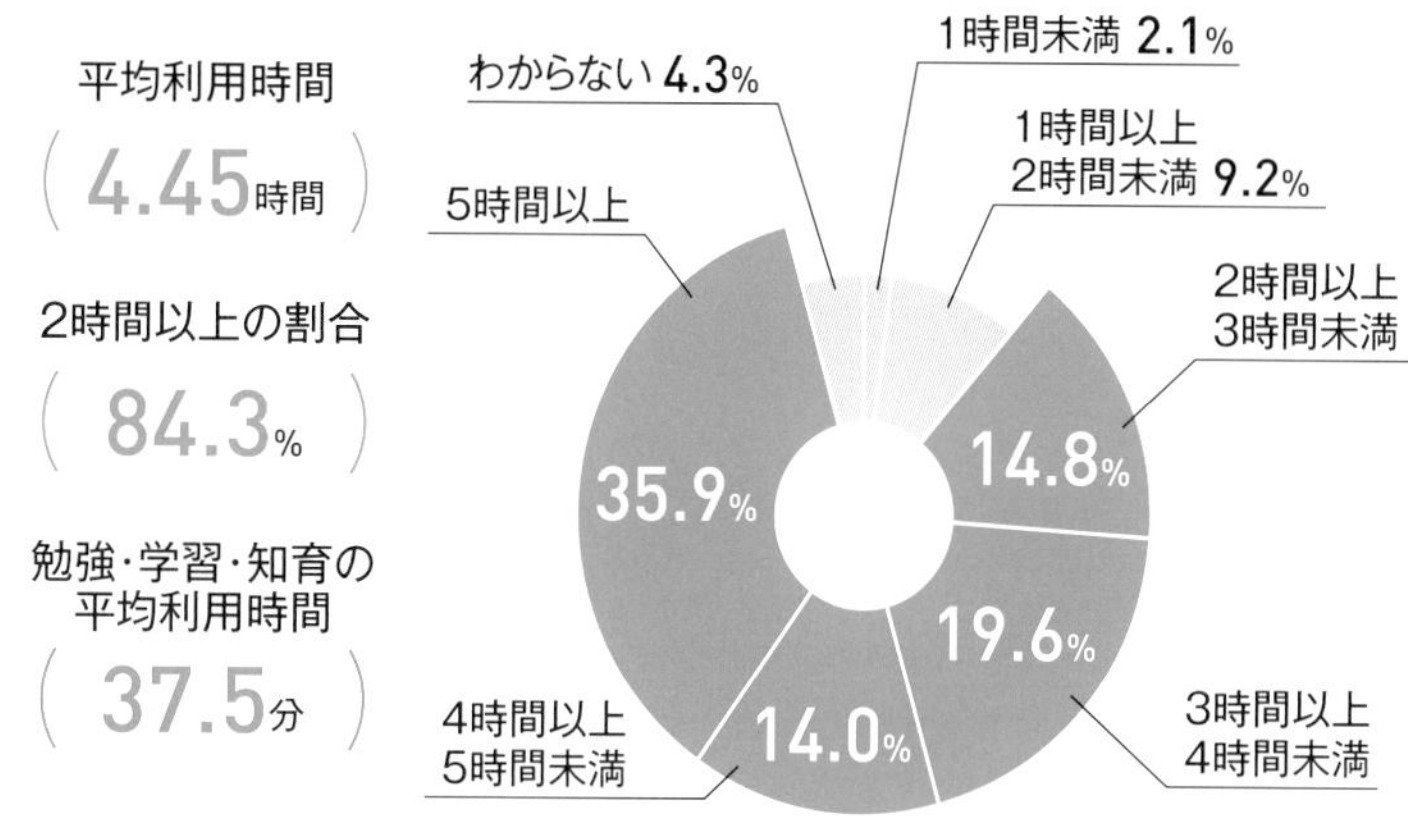

出典:「令和2年度 青少年のインターネット利用環境実態調査」内閣府を基に作成

テレビゲームやテレビは親も、「どれだけの時間を費やしているのか」を把握しやすく、また、子ども自身も「もう○時間もゲームで遊んでいる」などと自覚しやすいものです。しかし、スマホはいつでもどこでも簡単に、スキマ時間でゲームやさまざまな娯楽に触れられます。そのため、本人も無自覚にゲームやアプリに費やす時間が長くなってしまうのです。

スマホに1日平均4時間を費やすと、1年間で約1500時間になります。私の基準では、基礎的な学力のある高校生が、いわゆるMARCH（明治・青山・立教・中央・法政）や関関同立（関西・関西学院・同志社・立命館）と呼ばれる私立上位校に合格するまでに必要とする勉強時間よりも多い印象です。逆に言えば、**スマホに費やす時間をどれだけ減らすことができるか、適切にするかが、今の時代には受験の成否を分ける非常に大きなポイントになるのです。**

ただ、スマホが当たり前のように生活のなかに浸透している現代の子どもが、自らスマホの使用時間が多いことに気づいたり、危機感をもったりすることは難しいでしょう。だからといって親が「スマホを見る時間を減らして勉強しなさい」と注意すれば、勉強に気持ちが向かうかと言えば、そうとは言えないのが難しいところです。

将来について真剣に考えるよう話し、そのためにはスマホの時間を減らして勉強時間を増やす必要があると、対話のなかで自然と促していく必要があります。

POINT 2

目標設定

「4分類」で子どもの受験意欲を高める

高校生を指導する際に最も苦労するのが、目標を設定し、受験に対するモチベーションを最大限に高めることです。受験勉強に本気で向かわせるためには「目標を絶対に達成したい」という強い思いをもって志望校を定めることが重要になります。

勉強のモチベーションが高まった生徒の偏差値を上げることはそれほど難しいことではありません。「モチベーションを高める」「受験校を決めて、受験戦略を立てる」――この二つができれば、受験成功までの準備の大部分は終わっているといっても過言ではないでしょう。

まだ受験への意欲が高まりきっていない生徒に受験へのモチベーションを高めてもらうために、私は受験生を4つのタイプに分けてアプローチしています。これら4つのタイプを目安にして、将来について考えさせることが受験勉強のやる気を喚起する上で効果的だと考えています。本章では、それら4つのタイプの詳細について解説します。

自分の子どもがどのタイプに属するのかがわからない場合の対処法についても触れていますので、ぜひ参考にしてください。

早期に受験意欲を高めておくべき3つの理由

高校1年生、2年生の早い段階でモチベーションを高めて受験勉強に向かうのが、受験対策をする上で理想といえます。その理由としては以下のような点があげられます。

①復習範囲を最小限にできる

大学受験の勉強を高校3年生からスタートすると、1、2年生の2年間で習ったことの復習から始める必要があります。それと並行して3年生で新たに習うことも学習しなければならないため、学校の勉強と受験勉強の両立が難しくなるおそれがあります。一方、たとえば2年生の夏に受験勉強を始めたら復習する範囲は1年半分、2年生の初めなら1年分、1年生の夏なら半年分というように、始める時期が早ければ早いほど復習範囲はより少なくすみます。

②偏差値を上げやすい

模試の偏差値は、ライバルとの学力の差がどれだけあるかを数値化したものです。受験勉強を始めている高校生がまだ少ない、模試の平均点が低い段階で、努力して点数を上げれば、偏差値は飛躍的に向上します。その結果、「勉強をがんばれば成績が上がる」という実感を得ることができ、モチベーションも上がっていきます。逆に、皆が当たり前のように受験勉強をしている３年生の段階では、偏差値を上げることが難しくなります。

③受験までの勉強時間の総量を増やせる

私は３年生の時点で標準的な学力の場合、私立上位大学といわれるＭＡＲＣＨ・関関同立に合格するには約１２００時間の勉強が必要になると考えています。また、高校初級程度の学力から日東駒専（日本・東洋・駒澤・専修）・産近甲龍（京都産業・近畿・甲南・龍谷）と呼ばれる中堅レベルの大学に合格するには約１０００時間の勉強が必要になると考えています。

２年生の４月から受験勉強を始めるなら、毎日３時間、１年生の４月からなら毎日１・５時間勉強すれば３年生までに１０００時間を確保できる計算になります。もちろん、早期に勉強を開始し、１日あたりの勉強時間をもっと増やせば、さらにレベルの高い上位校や国公立大学等に合格できる可能性も高まります。

このように、早い段階から受験へのやる気を引き出すことは、その後の受験を有利に運ぶ上で重要になってきます。**そして、まだ受験生になる実感がもてない子どもの受験意欲を高めるためには、目標設定が欠かせません。**

「目標設定」で子どものやる気を確実に引き出す

これまで多くの高校生たちに接してきて強く実感していることは、確固たる目標をもっている子は、そうでない子に比べて成績の伸びが大きいということです。行きたい大学がある、大学に入って実現したいことがある子は、「絶対に叶えてみせる！」という強い気持ちがあるので、勉強のつらさや大変さを乗り越えていくことができます。目標の有無によって、受験勉強への身の入れ方が大きく変わってくることは間違いありません。

では、目標が定まっていない子どもに対しては、どのようにアプローチしていけばよいのでしょうか。

そこで私が編み出した方法が、**子どもの志向を4つの型のいずれかに当てはめながら、受験への意欲を高めていき、志望校を定めていくというものです。**

私が提唱している4つの型は、次の通りです。

図表2–1　志望校設定のための「4つの型」

①職業型

②学問型

③プライド型

④年収型

・職業型
・学問型
・プライド型
・年収型

順にそれぞれのタイプを詳しく見ていきましょう。

①職業型——なりたい職業が明確になっているタイプ

職業型は、将来なりたい職業を基に、「大学に入りたい」という気持ちを高めていくやり方です。まず「医師になりたい」「自分は絶対弁護士になる」などと、子どもにすでになりたい職業があるのならば、それを実現するためにはどのような大学、学部に入る必要があるのかを考えさせます。

ただ、日ごろ多くの高校生に接していると「特になりたい職業はない」という子のほうが多く、世の中にどのような仕事があるのかもあまり知らないように感じます。親や親戚など身近にいる人たちが就いている職業くらいしか思い浮かばない子がほとんどです。

その場合、まずは「どのような職業があるのか」を教えることが必要になります。

大学生が就職活動などの際に使う職業紹介本や就活用のサイトには、さまざまな仕事が紹介されています。そうしたものを見せながら、「この職業はどう?」などと、**子どもの仕事に対する興味・関心の方向性を探っていくとよいでしょう。**

たとえば、住宅関連の仕事に子どもが興味を抱いたような場合には、「それなら、住宅メーカーに勤めるという選択肢があるかも。住宅絡みの仕事といっても、設計や施工などいろいろあるみたいだよ」などと、より具体的なイメージをもてるように可能な限り話を掘り下げていくことが望ましいといえます。

高校生が職業について知っている情報は限られています。大企業の名前を知っていたとしても、その仕事内容まではわからないことがほとんどです。

取得したい資格の合格者数が多い大学を志望校にする

もし、子どもが就きたいと思っている職業が一般企業ではなく、専門職や公務員の場合は、偏差値よりも国家試験の合格率や合格者数で大学を検討することができます。

たとえば一級建築士の試験（令和元年）での合格者数ランキングでは、1位日本大学192人、2位芝浦工業大学110人、3位東京理科大学95人、4位早稲田大学88人、5位近畿大学66人と、偏差値のランキングとは異なる順位になります。

大学によって受験者数が異なるので単純に人数だけで比較はできませんが、この年の一級建築士の合格率は12・0％と狭き門であったにもかかわらず、日本大学は合格者数ナンバーワンとなり、一級建築士の試験に強い大学であることがわかります。

志望した大学に入ることが将来就きたい職業に有利に働くのであれば、その選択に反対する理由はないはずです。しかしむしろ不利となる可能性があるのなら、やんわりと軌道修正を促す必要があります。

【この型の注意点】

・深く考えずに、イメージだけで職業を選んでしまう場合がある。
・医療系などの専門性の強い学部に進む場合、進路変更が難しくなることがある。

【おすすめ】

・オープンキャンパスに行く。
・めざす職業の業界動向や仕事内容を調べたり、実際にその職業に就いている人に話を聞いたりする。
・医療系、弁護士、税理士、公務員など、資格や試験が求められる専門職の場合には合格率の高い大学を調べる（大学のホームページ、資料請求等で確認）。
・一般企業の場合には、業界動向や主要企業名等を調べる。
・実際の仕事の内容や給料などを調べる。
・行きたい企業がある場合は、就職した卒業生が多い大学を調べる。

②学問型――とことん追求したいことがあるタイプ

学問型は「哲学に興味があるから文学部の哲学科に行きたい」「戦国時代がとても好きで、史学科に行きたい」「遺伝子の研究をしたいから生物科学科をめざす」など、追求したい学問が明確にあるタイプです。小さいころから人一倍好きなことや趣味があったり、マスメディアの影響を大きく受けていたりすることが考えられます。

たとえば学習系のバラエティ番組などを見ていた子どもが「○○先生の恐竜の話がとても面白かった」などと関心をもち、志望校選びの入り口となるケースがあります。ほかにもノーベル賞受賞などの学問関連のニュースに触れたことがきっかけとなることもあります。

このタイプの子どもは、「英語が好きで、英語が話せるようになりたい。だから留学できる国際学部や外国語学部に進みたい」「物理が好きだから理学部で勉強したい」というように、進学したい学部が固定されていくのが特徴です。

そのため、次に述べる③プライド型のように、どんな学部でもいいから少しでも偏差値の高い大学に行きたいという考えはあまりもっていません。工学部志望であれば、複数の大学の工学部だけを受験することになります。

学びたい学問を優先して大学を決めた場合、卒業後の進路として大学院に進み、最終的には学者や研究員としての道を選ぶケースも少なくないでしょう。また、博物館や美術館で学芸員として働くという選択肢も考えられます。

特に理系は学問型の傾向が強くあります。偏差値を重視して理系の学部を選んだ場合には、実験・研究が多いため興味のない学問では大学生活が苦しくなることもあります。

逆に自分のやりたいことと学部が一致していれば、高い水準で大学院へと進学する環境も整っています。工学部の国立大学では、旧帝大（北海道大学・東北大学・東京大学・名古屋大学・京都大学・大阪大学・九州大学）を中心に大学院への進学率が80%を超えるところもあります。

軌道修正を促すことが必要な場合もある

このタイプは学びたいことが明確にあるものの、**卒業後に就きたい職業まで想像ができていないケースもよくあります。**

「もっと偏差値の高い大学に入れるのに……」「仕事に結びつけるのが大変な学問だが将

来は大丈夫だろうか」と、親として物足りなさや不安を感じることもあるはずです。なかには将来のことも考えて、学部を変更する子どももいますが、このタイプの受験生は究めたい学問が明確なだけに、一度決めるとひたすら突き進む傾向にあります。子どもが志望する大学に進学することが「将来役立つのか」「本当に正しい選択なのか」を、親の立場で冷静に判断し、助言することが必要となります。

たとえば、子どもが歴史もののテレビ番組に出演しているA大学の日本史の教授のファンになり、「この先生のもとで日本史の勉強をしたい」という意向をもっていたとします。その場合、A大学史学科の卒業後の進路をまずは調べてみるとよいでしょう。卒業生の進路を見ながら、少しずつ現実的な面に目を向けていくことで、〝受験のその先〟を考えられるようになります。

卒業後に活躍の場が多くあって、就職にも強いなど安心材料があればよいですが、もし、進路に対して不安があったり、経済的な理由から一人暮らしさせて通学させることができないなどの懸念事項があったりするのであれば、改めて検討する必要もあります。

また同じ史学科でも他の大学のほうが、卒業後の進路指導に力を入れていたり、専門職としてのスキルを身につける上でメリットがあれば、情報を見比べながらA大学に限らず別の大学でも学べることを教えたり、史学科のある大学に絞って志望校を選ぶとよいでしょう。

子どもが自発的に収集する情報にはどうしても偏りや限界が出てくるものです。親の視点から多角的に知識や情報を与えて、修正してあげることが必要です。

【この型の注意点】

・やりたいことに突き進み、その先を考えていないおそれがある。
・国際学部のような人気学部の場合、倍率や偏差値が高くなりがちで、難易度が上がる。
・自分がイメージしている学問と、大学での授業内容が異なることがある。

【おすすめ】

・大学院進学も視野に入れて、大学のホームページを調べる。
・オープンキャンパスなどを利用して学部の活動を体験してみる。
・学びたい学問について詳しく調べる。
・その学問を学べる大学を、家庭環境も考慮に入れてリストアップする（国公立・私立、場所・地域など）。

③プライド型——偏差値や名門大学にこだわっているタイプ

プライド型は、「偏差値60以上の大学に行きたい」「頭がいいと思われたい」などと、自分のプライドを満足させられるかどうかを基準に大学を選ぶタイプです。「周りの人に負けたくない」という意識が強くあるため、いつもライバル視している同級生やきょうだいなどと同等、もしくはそれよりも偏差値の高いランクの大学をめざすことが目標になってきます。

このプライド型の子どもは、自らの固定観念や自分の育ってきた環境によって志望大学が左右されることがあります。

たとえば、当初は進学してもよいと思っていたような大学であっても、友人が「この大学には行きたくないよね」「あの大学はレベルが低いよ」などと話しているのを耳にして、「あの大学には行きたくない、より上のレベルの大学をめざす」と、意地になって考えを変えてしまうことがあります。

プライド型の子どもは、「行きたくない」と考えているレベルの大学が明確になっているため、自分のプライドを守ろうとする気持ちから勉強に向かいやすく、**受験勉強へのモチベーションが継続しやすい傾向にあります。**

【この型の注意点】

・大学名に執着し、学部を気にしない。
・偏差値を重視するため、あまり大学の内容を見ずに志望校を決める傾向にある。
・入学後に目標を見失うおそれがある。

【おすすめ】

・モチベーション維持のために、良い大学に入っている人の話をする。
・大学ランキングを確認し、「この偏差値以上の大学に行きたい」というラインを明確にする。
・家庭の環境に合わせて志望大学をリストアップする（国公立・私立、場所・地域など）。
・合格後に大学での勉強に興味がなくならないように、早めに学部の内容を確認させる。
・入学したら次の目標を早めに設定できるよう、職業に目を向けさせるようにする。

④年収型——高収入を得ることに憧れているタイプ

「年収型」は、将来どれだけの年収を得たいのかが勉強を始める動機になるタイプです。この場合、〇〇万円以上の年収を得られる企業はどこか、職種はどれか、というように理想とする年収を得られる企業や職業を知るところから始まります。その上でそうした高年収の職に就きやすい大学はどこなのかと、理想とする年収をきっかけに受験へのモチベーションを高めていくのです。

もちろん、年収が人生のすべてというわけではありません。お金がなくても幸せな人もいれば、逆にお金があっても幸せを感じていない人もいます。同じように、東京大学を出てもいわゆるワーキングプアの状態に陥っている人はいるでしょうし、大卒でなくても上場企業の年収より多くの所得を得ている人も大勢います。

そうした現実が前提となりますが、高校生がなんとなく「大学に進学したい」と思うのは、「高卒よりもいい就職先に就けるだろう」「今よりも選択肢が広がるだろう」「大卒ならばきっと年収が上がるだろう」というようなものを漠然とイメージしているからです。

ただ、その多くがまだ経験したことがないものばかりなので、どれも単純なイメージになりがちです。その点、お金は普段から自分でも使っているため、物事の価値を測る物差しになりやすく、企業や職業を比較検討する際に理解しやすいのです。

参考までに、実際に私がこのタイプの子どもに行っている指導を紹介しましょう。

まずは、雇用形態や企業により、得られる年収にどれだけ違いがあるのかを示します。

図表2－2（52ページ）で示すように、得られる平均年収はフリーターであれば192万円、一般的な日本企業であれば436万円、上場企業であれば630万円です。ちなみに日本で最も平均年収が高いと言われるような会社なら2269万円（M&Aキャピタルパートナーズ株式会社第15期有価証券報告書より引用）です。このように比較をして、「フリーターと上場企業ではこれだけ差があるのか。500万円以上の年収は上場企業に入らないとダメなのか……」というように、年収に関する大まかな実感を与えてあげるわけです。

大人にとっては、こうした年収の一般的なイメージは常識となっているところがありますが、高校生にとっては決してそうではありません。また職業と年収の関連性について正しい知識をもっている子どももほとんどいません。

たとえば地方の高校生の間では、「安定しているから」という理由で公務員が人気職業となっています。しかし、公務員が具体的にどれだけの年収を得られるのかを尋ねられて、答えられる高校生はあまりいないでしょう。親や学校の先生など身近な大人たちが「公務員になれば安定した年収が保証される」と話すのを耳にして、「それなら公務員になろう」と思っている人が多くいます。

お金の話に対する高校生の興味は大きい

それほど深く考えることなく公務員になろうと思っていた高校生が、公務員以上に年収を得られる職業があることを知ったとしたら、どうでしょうか。「公務員よりも年収が高いのなら、その職業もいいな」と思う子どももいるでしょう。それが、やる気を起こすきっかけになる可能性があります。そうした効果を期待して、世の中には高収入を得られる職業が公務員以外にもいろいろあるということを、**できるだけ具体的に教えるようにしています。**

一例として三菱商事の平均年収をみていきます。同社は2019年度有価証券報告書のなかで①従業員数、②平均年齢、③平均勤続年数、④平均年間給与をそれぞれ次のように示しています（なお④については、残業代と賞与も含まれています）。

①　従業員数　5882名

②　平均年齢　42・6歳

③　平均勤続年数　18年5カ月
④　平均年間給与　1631万8794円

平均年収が約1600万円ということは、単純計算で約133万円の月収であることを意味します。こうした事実を伝えると、高校生たちは「自分の小遣いは月5000円なのに！」と驚きます。

このように平均年収を数字で示したあと、さらに三菱商事から内定を得ている人の出身大学を見せていきます。するとその多くが東京大学や早稲田大学、慶應義塾大学などの難関校であることがわかります。こうした情報に接して「それなら自分も難関大学をめざそう」と決意することもあるはずです。

実際、このようにお金の話に落とし込んで説明すると高校生たちの反応は非常によく、志望校選びにより熱が入る印象です。ぜひ、ご家庭でも試してみてください。

大企業への就職を偏差値に置き換える

年収型に関して、もう一つ別のアプローチについても触れておきましょう。

大卒と高卒の生涯賃金の差は6000万円あるといわれています。また、いわゆる〝大企業〟と呼ばれる企業規模1000人以上の企業（正社員の男性）では、生涯賃金が3億

図表2−2　職業別・学歴別の収入

■職業別の平均年収・月給

職業	平均年収	月給換算
フリーター	192万円 ※1	16万円
日本企業	436万円 ※2	36.3万円
上場企業	630万円 ※3	52.5万円

※1　時給1000円、月あたり160時間労働と仮定して算出
※2　「民間給与実態統計調査（令和元年分）」国税庁
※3　「上場企業1,803社の平均年間給与」調査 2020年3月期決算　東京商工リサーチ

■高卒・大卒の賃金の比較

男性	高卒	大卒以上
平均月収 ※1	29.2万円	40万円
平均初任給 ※2	16.8万円	21.2万円／大卒 23.9万円／院卒
生涯賃金 ※3	2億1140万円	2億6920万円

※1※2　「賃金構造基本統計調査（令和元年）」厚生労働省
※3　「ユースフル労働統計2019—労働統計加工指標集」独立行政法人労働政策研究・研修機構

1000万円になるといわれていますが、企業規模10〜99人では2億円とみられています（「ユースフル労働統計2019——労働統計加工指標集」独立行政法人労働政策研究・研修機構より）。

つまり同じ大卒でも入社する会社によって1億円強の差が生まれるわけです（ちなみに生涯賃金が10億円を超える会社もあります）。

2016年の「経済センサス——活動調査」（総務省）によると、個人事業主を含む中小企業は、企業全体の99・7％、従業員数で68・8％を占めます。ここからわかるように、誰もが名を知る大企業に勤める人は、働く人の約30％と、ほんの一握りに過ぎないということなのです。

図表2—3　偏差値と順位の関係（正規分布の場合）

偏差値	最上位からの%	1000人順位	100万人順位
80	0.13%	1.3位	1300位
75	0.62%	6.2位	6200位
70	2.28%	22.8位	22800位
65	6.68%	66.8位	66800位
60	15.87%	158.7位	158700位
55	30.85%	308.5位	308500位
50	50.00%	500.0位	500000位
45	69.15%	691.5位	691500位
40	84.13%	841.3位	841300位
35	93.32%	933.2位	933200位
30	97.72%	977.2位	977200位

こうした社会人が知っている情報を、多くの高校生は知らないことが珍しくありません。親御さんが、受験を機に教えてあげるとよいでしょう。

ここで、図表2－3を見てください。偏差値55以上の難関校に行ったとすると、受験生の上位30％付近になり、大企業で働く人の割合に入ることになります。ここを進学の目標にすると、子どもには将来と今の受験勉強の目標がひも付き、数値として追いかけることができるようになります。

このように、高年収の企業をもとに入りたい大学を決めて、モチベーションを上げていくのです。

【この型の注意点】

・大学名に執着し、学部を気にしない。
・偏差値を重視するため、あまり大学の内容を見ずに志望校を決める傾向にある。
・入学後に目標を見失うおそれがある。

【おすすめ】

・身近な企業の年収を調べる。
・有名企業への就職率が高い大学を書籍やインターネットで調べる。
・「○○大以上を狙う」というように目標とする大学を決める。

どの型にも当てはまらないときの対処法

子どもが、①職業型、②学問型、③プライド型、④年収型の「どれに該当するのかわからない」というときにはどうしたらよいのでしょうか。

そのような場合には、次のような形で掘り起こしてみると、子どものタイプが明らかになることがあります。

①職業型の掘り起こし方法

「あなたにとって嫌な仕事は何?」などというようにあえて「やりたくない仕事」について、じっくりと考えさせてみましょう。消去法で考えていくことで、自分の興味のある仕事がおのずと見えてくるはずです。

②学問型の掘り起こし方法

まず学部学科の概要の書いてある大学のガイドブックやホームページなどを見て、自分が興味のある学部学科か、興味のない学部学科か、それ以外かの3つに大まかに分類します。その後、興味のない学部学科以外の詳細を見ていきます。

詳細を見ているうちに、知らなかった学問の内容を知り、興味をもち始めることもあります。こうした作業を行って、なかでも特に行きたいと感じる学部を絞り込んでいきます。

③プライド型の掘り起こし方法

子どもの高校の進学実績を参照しながら、「合格者が一番多いのは〇〇大学、成績上位の子は××大学や△△大学に進んでいるみたいよ」などというやりとりをしているうちに、自然と志望校のランクが上がっていき、「○○大以上を狙う」と目標が定まっていくでしょう。

④年収型の掘り起こし方法

「時給1100円だとすると、週40時間働いても、月（4週間）160時間×1100円の計算から17万6000円しか収入が得られないけれどいいの？」「家は一軒家に住みたいの？　都会に住みたいの？　家賃は？」などと年収が関わってくる将来の希望を尋ねるなどして現実的なイメージを与えていくと、「最低でも○○○万円ぐらいの年収はほしい」という思いが生まれ、「そのためには、○○レベルの大学に行かないと……」となるはずです。

特に、③プライド型と④年収型は、私の経験上、このような掘り起こし方法が大変効果的でした。志望校がスムーズに決まることも珍しくありません。

POINT 3

志望校選び

最初の選択が合格率を飛躍的に高める

受験生や高校生の多くは勉強を始めるときに、まず、「よし！　英語が苦手だから英単語の参考書を買ってこよう！」「学校の数学の問題集の復習から始めよう！」と現在の自分の学力に注目して勉強を開始します。

しかし、**受験勉強は大学入試で出題される問題の内容やレベルをしっかりと把握した上で進めなければ効率が悪くなります。**

たとえば、社会の配点に比べ英語の配点が10倍高いとしたら、社会ばかり学習しても合格できません。また、数学を一生懸命勉強しても、そもそも数学が受験科目になければ、その勉強は大学合格という観点からは無駄になってしまいます。

受験生も親も先生も、目先の学力を上げることばかりに固執し、「大学に受かるためには何をすべきなのか」という、より重要な分析をしていない場合が非常に多いのです。実際、私が予備校の説明会でこうした話をすると、志望校や受験科目の選び方、受験の対策方法がガラッと変わることが珍しくありません。

この章では志望校選びの重要性と具体的な戦略を紹介します。それを知ることで、合格の可能性は大きく高まるはずです。

大学入試には大きく3つの種類がある

志望校選びをサポートするためには、親も大学受験に関して最低限の知識をもっておくことが必要です。そこで、まずは大学受験制度の基礎知識について取り上げましょう。

大学入試を大きく分けると、次のようになります。

①一般選抜（旧一般入試）
②学校推薦型選抜（旧推薦入試）
③総合型選抜（旧ＡＯ入試）

入学者全体でみると、国公立大学は一般選抜が約80％を占めます。私立大学は概ね一般と学校推薦型がほぼ同じ割合で、総合型は少数になっています。

文部科学省によると、国公立大学は１７４大学（国立82大学、公立92大学）、私立大学は５９６大学、合計７７０大学あります（２０２０年度）。大学に進学する人は約61万人ほどですが、国公立への進学はそのうち約13万人で全体の約20％にとどまっています。

図表3−1　国公立大学と私立大学の入試方式の割合

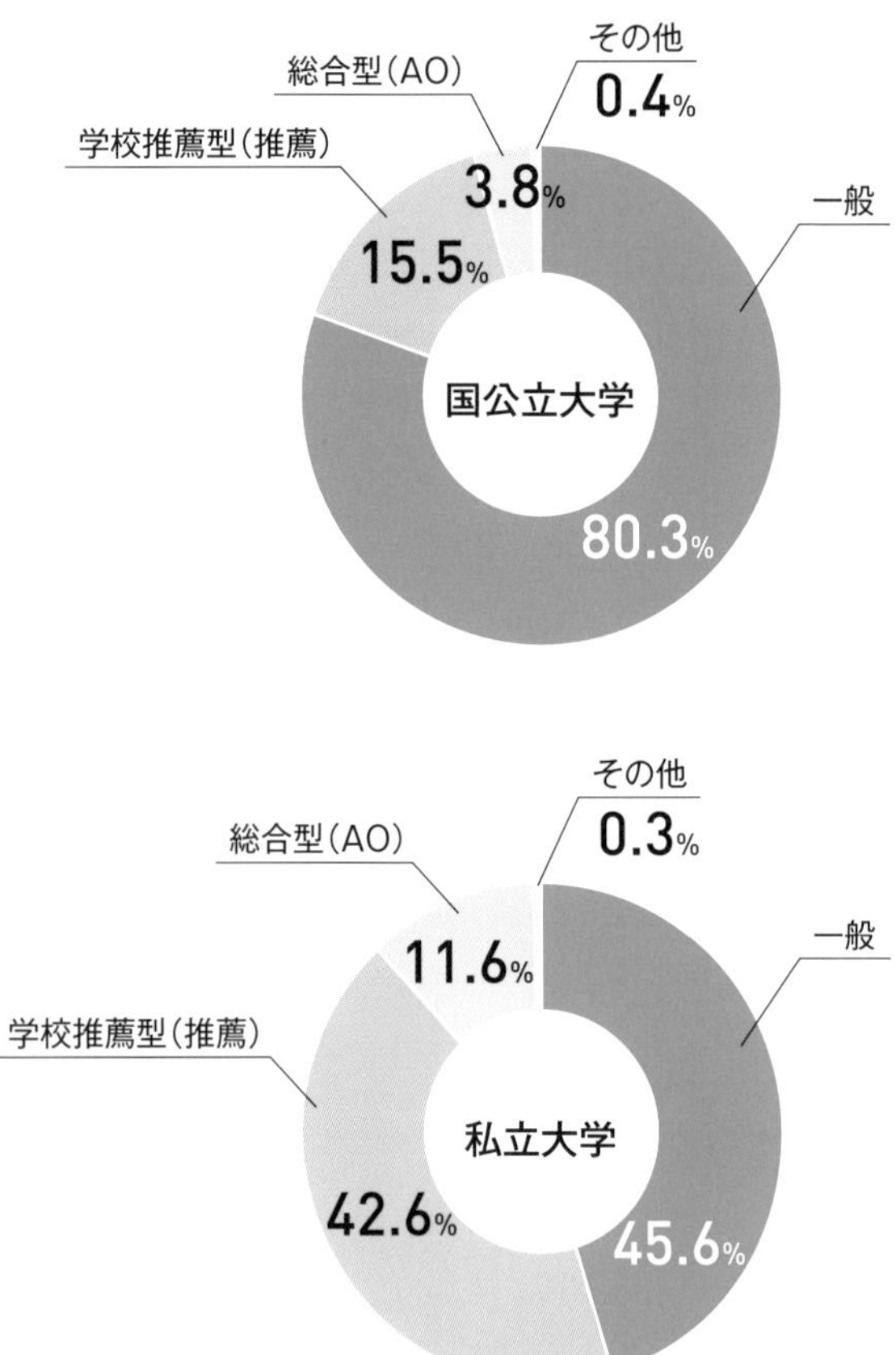

出典：「平成31年度国公私立大学入学者選抜実施状況」文部科学省を基に作成

図表3−2　国公立大学の受験の流れ

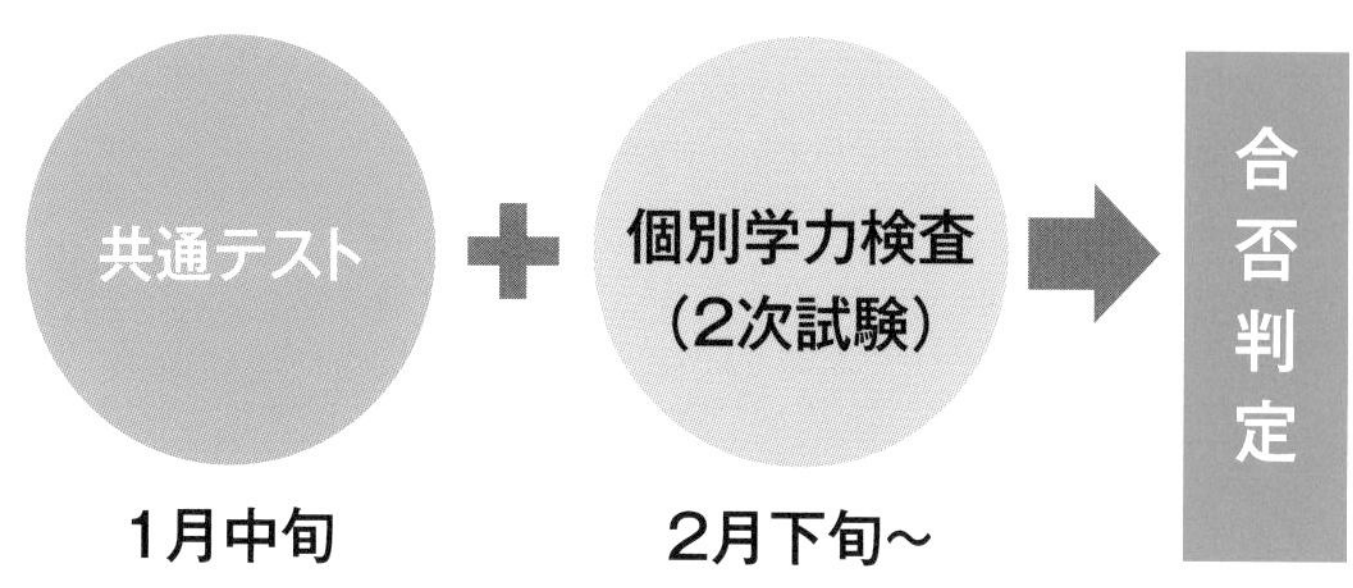

2次（個別）試験の出願は共通テストの結果を見て判断

一般選抜（旧一般入試）：国公立大学の場合

国公立大学の入試は、1月に実施される大学入学共通テスト（以下、共通テスト）と2月、3月に実施される個別学力検査（以下、2次試験）や小論文・調査書・面接などを合算して、合否が決定されます。

2次試験は、前期日程・中期日程・後期日程の最大3回の受験が可能です。他の大学への出願、あるいは同じ大学の別の学部への出願もできます。

ただし、前期日程で合格し、入学手続きをすると、中期、後期は受験をしても合格が認められない仕組みとなっています。そのため、第一志望の大学は前期日程で受験するのが基本になります。

図表3−3　国公立大学入試スケジュール概要（令和3年度）

9月28日〜10月8日	共通テスト出願
1月16、17日	共通テスト
1月25日〜2月5日	各大学出願
2月25日〜	前期日程
3月3日〜10日	前期日程合格発表（公立）
3月6日〜10日	前期日程合格発表（国立）
〜3月15日	入学手続き
3月8日〜	中期日程
3月20日〜3月23日	中期日程合格発表
〜3月27日	中期日程入学手続き
3月12日〜	後期日程
3月20日〜3月23日	後期日程合格発表
〜3月26日	後期日程入学手続き

注意！ 前期の入学手続きを行うと中期・後期日程の合格対象から外れる

図表3−4　国公立大学の各受験日程の募集人数

（人）

	前期日程	中期日程	後期日程	AO・推薦	合計
国立	63,647	0	13,193	17,940	94,780
公立	16,202	2,364	3,513	9,528	31,607
合計	79,849	2,364	16,706	27,468	126,387

出典:「令和3年度入学者選抜・大学別募集人員表」文部科学省

続いて、2次試験出願までの流れです。

まず、共通テストの受験後、自己採点を行い志望校を記入し、学校や大手予備校に点数を提出します。数日後、記入した志望校の判定が出ます。それと同時期にインターネットで共通テストの点数を入力し、全国の国公立大学や私立大学の判定、ボーダーラインを確認することもできます。

国公立大学の出願期間は、共通テスト後の1週間から10日くらいまでです。共通テストの点数によっては、元々考えていた出願校を変更する必要も出てくるため、事前に候補を複数検討しておく必要があります。

また、中期と後期は、前期と科目や配点が変わることが多くあります。しかも中期

図表3−5　国公立大学の倍率

区分	試験日程	令和3年度入学者選抜			
		出願受付実施大学・学部数	募集人員(A)	志願者(B)	志願倍率(B/A)
国立	前期	82大学、391学部	63,669人	168,981人	2.7倍
	後期	72大学、283学部	13,190人	111,564人	8.5倍
	小計	82大学、392学部	76,859人	280,545人	3.7倍
公立	前期	87大学、191学部	16,210人	54,141人	3.3倍
	中期	22大学、30学部	2,364人	26,353人	11.1倍
	後期	65大学、141学部	3,487人	39,610人	11.4倍
	小計	90大学、202学部	22,061人	120,104人	5.4倍

出典:「令和3年度国公立大学入学者選抜の確定志願状況」文部科学省

は一部の公立大学が実施しているだけで実施数は少なく、倍率が上がりやすい傾向にあります。近年は後期に関しても難関大を中心に実施数が減少傾向にあります。募集人数も平均して前期が8割と圧倒的に多く、後期は2割ほどです。

また、中期と後期で複数の大学や学部に合格した場合は、それぞれの合格発表後に入学する大学を選ぶことができます。

それでは2次試験の科目数や配点はどのようになっているのでしょうか。

まず、国公立大学は共通テスト5教科7科目900点満点が基本です。募集人数でみると約70％が5教科7科目の受験です。

2次試験は2〜3科目が一般的ですが、旧帝大などの難関大は4科目という場合も

図表3−6　国公立大学の配点・科目数例

■【2次比率高い】名古屋大学 経済学部

（点）

	共通テスト（合計:900）					2次試験（合計:1500）		
科目	英語	国語	数学	理科	地理歴史、公民	英語	国語	数学
配点	200	200	200	100	200	500	500	500

■【科目少ない】東京都立大学 法学部

（点）

	共通テスト（合計:750）				2次試験（合計:310）			
科目	英語	国語	数学	地理歴史	国語	数学	地理歴史	調査書
配点	350	200	200		150	150		10

共通テスト	私立大学	国公立2次試験
1月中旬	1月末~2月中旬	2月末

あります。後期では試験の科目が減ったり、小論文・面接・総合問題が出題されたりすることも多く、2次試験を実施しない大学もあります。

また、前期でも科目を減らすことが可能な大学や学部もあります。

2次試験の科目数が少ない大学もあるので、数学や理科といった特定の科目が苦手であることを理由に、国公立大学を諦める必要はありません。

ちなみに各大学の入試科目・配点は、入試前年の7月に「入学者選抜実施要項」として発表されます。また、入試科目などが大きく変更される場合には、これより早くホームページ等で公表されることが多いため、随時確認する必要があります。

それから、一般選抜の共通テストと2次試験の配点比率（2次比率）は大学や学部によって異なります（難関大は2次比率が高い傾向にある）。**受験を成功させるためには、この配点比率を早めに理解し、志望大学の受験に必要な科目・配点の高い科目に時間をかけることが重要です。**

なお、難関大や医学部など、大学によっては「志願者が募集人員の○倍を上回った場合、第1段階選抜を実施する」という条件が出されることがあります。その場合、共通テストの点数で行われる第1段階選抜で所定の点数に達していないと2次試験を受けることなく不合格になる場合もあります。いわゆる「足切り」と呼ばれる制度です。ちなみに、2020年は前期で2138人（東京大学605人、大阪大学186人など）、2019年で3660人が第1段階選抜で不合格となっています。

さらに一般選抜を巡る動向についても触れておきます。

一般選抜に関しては、今後は「主体性」を評価する入試へ変わっていくことが想定されています。具体的には、筆記試験に加え、調査書や志願者本人が記載する資料（エッセイ、面接、ディベート、集団討論、プレゼンテーション、各種大会や顕彰等の記録）などの積極的な活用に努めることが方針として打ち出されています。

すでに現在、「調査書」を面接と合わせて評価したり、点数化して合否判定に利用した

図表3–7　共通テストの基本配点

	共通テスト						2次試験					
	英語	国語	数学	理科		地理歴史	公民	英語	国語	数学	地理歴史 公民	物理 化学 生物	小論文 面接 総合問題など
科目	・リーディング ・リスニング	・現代文・古文 ・漢文	・数学ⅠA ・数学ⅡB	・物理基礎 ・化学基礎 ・生物基礎 ・地学基礎 から2つ	・物理 ・化学 ・生物 ・地学	・地理 ・世界史 ・日本史	・現代社会 ・政治・経済 ・倫理 ・倫理、政治・経済						
文型（合計900点）	200点	200点	200点	100点		2つで200点		◎	○	○	○	ー	△
理型（合計900点）	200点	200点	200点	2つで200点		100点		○	ー	◎	ー	◎	△

○などは2次試験で良く使用されるものから◎○△としていて、ーはほぼ出題されないもの

<補足>
英語：リーディングとリスニングの配点は100点ずつだが、大学・学部によって、3:1や4:1など配点は異なる。
数学：理型の2次試験では数学Ⅲが必須になることが多い。
公民：難関大では「倫理、政治・経済」しか選択できない場合もある。
理科基礎：2科目で理科1科目分に相当する。文型は理科基礎を選択するのが基本。
理型では選択できない場合もある。
看護や医療系は大学によって理科や数学Ⅲが必要な理型や、不要な文型がある。特に難関大は理型が基本。

図表3−8　私立大学の基本科目

文系	英語	国語	世界史／日本史 （または数学／地理・公民）
理系	英語	数学	理科 （物理／化学／生物／地学）

国語:「現代文・古文」が基本。「現代文」のみ、「現代文・漢文」、「現代文・古文・漢文」という場合もある。
文系選択科目:数学や地理、公民が使えない大学もある。公民は政治経済が一般的で、他の公民科目は使える大学が極端に少ない。
理系数学:数学Ⅲが基本。医療系や農学部は数学ⅡBまで受験できるところもある。
理科:大学や学部によって科目を指定されることもある。薬学部は化学、医療系は生物、工学部は物理など。

りするなどの活用方法がみられます。

また、合否ラインで志願者が同点で並んだ場合や、合否ライン付近の志願者に対してのみ調査書等の得点を加点して合否判定する場合もあります。ただし、点数化する場合、配点全体に占める得点の割合は大きくないことがほとんどです。

一般選抜（旧一般入試）：私立大学の場合

私立大学については、国公立大学の志願者も滑り止めとして受験するのが一般的であるため、ほとんどの人が受験することになります。

私立大学の一般選抜は、基本は3教科です。文系は英語と国語に、地理・歴史・公民や数学から1科目選択（世界史か日本史

図表3−9　私立大学の一般選抜の種類

学部別入試	·多くの大学で募集人数が最も多い形式。 ·高倍率になることもあるが、2教科や1教科で受験できる方式もある。 ·難関大の理系では理科2科目の4科目受験もある。 ·複数回受験で受験料の割引制度も多い。 ·科目の配点が同じ均等配点や特定科目の点数が高くなる傾斜配点、点数の高い科目を2倍で採点するといった高得点重視型などさまざまな配点がある。
全学部統一入試	·複数学部·学科が同一の問題を使って同じ日に試験を行う。 ·一般的にはマーク方式。 ·倍率が上がりやすい。 ·受験料を増やせば、複数学部を1日で受験できる省エネの受験方式。
共通テスト利用入試	·共通テストの結果を利用して合否を決める。 ·国公立志願者は共通テストの勉強時間が多いため、この方式で多めに出願するとよい。 ·基本的に学部別入試の受験料が3万5,000円であるのに対し、1万5,000〜2万円と受験料が安い。 ·難関私立大学は共通テスト前に出願を締め切る場合が多いので、出願期間に注意。
共通テスト併用入試	·共通テストの結果と私立大学の試験を合算して合否を決める。 ·共通テストの点数の良い科目と、自分が得意な科目が合わされば合格できる可能性が広がる。
英語外部検定試験利用入試	·英検やGTECなどのスコアと私立大学の試験を合算して合否を決める。 ·得点に加算される場合、受験資格として求められる場合、英語が免除される場合などさまざま。 ·高1、高2は英語の受験勉強の中で外部検定を目標にしていくのもよい。

※早稲田大学や青山学院大学など、私立大学の中には一般選抜でも共通テストが必須の大学がある。

図表3−10　私立大学の配点例

■【理系4科目】早稲田大学 基幹理工学部 学系I・学系III　（点）

科目	英語	数学IAIIBIII	物理／化学／生物から2科目選択	合計
配点	120	120	各60で120	360

■【高得点科目重視】近畿大学 経済学部　（点）

科目	英語	現代文・古文	数学IAIIB／地理歴史／政治経済	合計
配点	100	100	100	400

最高得点の科目が2倍の200点になり
合計400点満点

を受験するのが一般的）、理系は英語、数学、理科です。出題形式はマークシート方式と記述式があり、大学・学部・学科によって異なります。

また、私立大学入試では、図表3－9（69ページ）にあげたようにさまざまな受験方式があります。

私立大学の入試は1月中旬の共通テスト後から国公立大学2次試験までの間の1月末から2月中旬が中心になります。前期、中期、後期と試験回数が最大3回と決まっている国公立大学に対し、**私立大学は試験日が異なれば、志望する学部・学科を複数回受験できるため、受験機会を増やすことができます。**

2月中旬～3月にかけて、国公立大学と

図表3−11　受験日程が多い私立大学の例　立命館大学 経営学部の場合

■統一文系:2/1、2、3、4

(点)

科目	英語	現代文·古文	地理／日本史／世界史／政治経済／数学IAⅡB
配点	120	100	100

■個別文系:2/7

(点)

科目	英語	現代文·古文	地理／日本史／世界史／政治経済／数学IAⅡB
配点	120	100	150

■共通テスト併用:2/8または9

(点)

	共通テスト	個別試験	
科目	数学IA／ⅡB／理科基礎2／理科／地理歴史／公民　から1科目選択	英語	現代文
配点	100	100	100

■共通テスト利用

3教科型

(点)

科目	英語	現代文／数学IA／ⅡB／理科基礎2／理科／地理歴史／公民から2科目選択
配点	200	400

5教科型

(点)

科目	英語	現代文	数学IA／ⅡB／理科基礎2／理科／地理歴史／公民から3科目選択
配点	200	200	300

7教科型

(点)

科目	英語	現代文	数学IAⅡB	理科基礎2／理科	地理歴史／公民から2科目選択
配点	200	200	200	100	200

※試験の日程や配点は2021年時のもの。
※同時選択できない科目があるため詳細は必ず大学ホームページを確認してください。

図表3−12　国公立・私立大学入学者選抜実施状況（平成31年度）

区 分	募集人員(A)	入学志願者数(B)	志願倍率(B/A)	受験者数	合格者数	入学者数
	人	人	倍	人	人	人
国立大学［82大学 401学部］	95,380	376,828	4.0	281,344	105,084	97,907
公立大学［90大学 202学部］	31,365	167,185	5.3	123,602	40,465	33,189
小計［172大学 603学部］	126,745	544,013	4.3	404,946	145,549	131,096
私立大学［587大学 1,816学部］	478,433	4,497,930	9.4	4,313,390	1,254,142	485,506
合計［759大学 2,419学部］	605,178	5,041,943	8.3	4,718,336	1,399,691	616,602

出典：「平成31年度 国公私立大学入学者選抜実施状況」文部科学省を基に作成

同じように、中期日程や後期日程を実施する私立大学も多くあります。**前期の結果を確認してから出願できるところもあり、再挑戦が可能です。**募集人数や倍率はまちまちです。倍率が低くなる場合もあるので、最後まで粘って受験を続けることで合格の可能性が広がります。

私立大学は複数回受験ができるため、何回くらい受験するのが一般的なのかを気にする人が多くいます。図表3−12は、平成31年度の国公立・私立大学入学者選抜実施状況です。国公立も含めた入学者数約61万人に対して、私立大学は約431万人が受験しているため、平均約7回受験していることになります。大学入試センターの数字では、浪人生は約9万人。浪人生を含めたとしても平均で約6回、私立大学を受験している計算になります。それに対し、合格者数は約125万人なので、平均で2回合格していることになります。

一般選抜だけでみると国公立・私立合わせた入学者数約32万人で約371万人が私立大学を受験しているので、約11回受験していることになります。浪人生約9万人を足したとしても約9回以上受験していることになります。合格者数は93万人なので、平均3回合格していることになります。

学校推薦型選抜（旧推薦入試）

学校推薦型選抜は、校長の推薦を受けなければ出願できないというのが、一般選抜との大きな違いです。さまざまなタイプがありますが、大きく「指定校制」と「公募制」の二つに分かれます。

「指定校制」は大学が特定の高校を指定する方式で、現役生の専願に限られています。対象は私立大学が中心となっており、国公立大学に関してはほとんど行われていません。基本的には指定校制を利用して受験すれば、よほどのことがなければ合格できるといわれています。ただし、推薦枠は少なく、希望者が多い場合には校内選考が実施されます。具体的には、成績、課外活動実績、生活態度などをもとに評価・選考が行われます。

一方、「公募制」は、大学側によって定められた出願条件を満たした上で、校長の推薦があれば受験できる方式です。評定平均に基準がある場合が多く、私立大学では他大学との併願が可能なところも多くあります。また、学校推薦型選抜は現役生しか利用できないと考えている人もいますが、公募制であれば既卒者（浪人生）でも認められる場合があります。

仮に不合格だったとしても一般選抜を受験することが可能です。募集要項を確認した上で、十分な対策がとれるようであれば、公募制の利用により受験機会を増やすことを検討してみるとよいでしょう。

指定校制も公募制もいずれも出願受付は通常、11月に開始し、12月以降に合否が発表されます。また、指定校制で校内選考が実施される場合には、夏から秋にかけて行われます。**できるだけ早めに自分が通っている高校はどの大学の推薦枠があるのかを確認しておくと、受験戦略をスムーズに立てられます。**

学校推薦型選抜：国公立大学の場合

国公立大学の学校推薦型選抜は、募集人数はそこまで多くありませんが、全大学の90％以上が実施しています。出願条件は「学習成績概評A以上」など厳しい基準を設けている大学がある場合や、一つの高校からの推薦人数が制限される場合もあります。別に共通テストが課される場合もあれば、課されない場合もあります。

また、一部の国公立大学医学部では、地方の医師不足緩和のため、卒業後に一定期間地元の医療に従事することなどを条件とした地方枠推薦選抜を行っています。さらに、医学部に限らず公立大学では、県内・市内の高校を対象とした推薦選抜を行う場合もあります。

文部科学省によって、調査書等の出願書類だけでなく、①各大学が実施する評価方法（小論文、プレゼンテーション、口頭試問、実技、各教科・科目に係るテスト、資格・検定試験の成績等）もしくは、②大学入学共通テストの少なくともいずれか一つによる評価を必須とすることが求められています。

このように調査書などの書類を提出するだけでなく、教科試験への対応などさまざまな対策も必要になってくるため、一般選抜のことも考慮しながら早めに募集要項を確認して戦略を立てる必要があります。

学校推薦型選抜：私立大学の場合

私立大学の学校推薦型選抜は、入学者比率が40％以上を占めています。出願条件は国公立大学ほど厳しくなく、成績基準を設けない大学もあります。

選抜方法は、調査書や書類などの他に、小論文や面接、基礎学力試験や適性検査などの学科試験等々をさまざまに組み合わせて行われます。併願が認められている場合には、公募推薦を複数受験することも可能です。

なお、公募制の一種として公募制特別推薦選抜もあります。

これは、英検などの英語外部資格試験の結果を重視する選抜方法や、スポーツや文化活動で優秀な成績を収めたこと、委員会やボランティア、地域活動などに取り組んだことなどが合否の判定において重視されるタイプです。

商業科や工業科などの専門学校や総合学科高校出身者を対象に定員枠を設けている場合や、成績基準がない場合などもあります。

総合型選抜（旧AO入試）

最後に総合型選抜の概要を確認しておきましょう。

総合型選抜は大学・学部が求める学生像（アドミッション・ポリシー）にマッチしているかを見極める受験方式です。全体の受験者数からすると利用者は少数ですが、年々増加傾向にあり、国公立大学全体の50％以上、私立大学全体の80％以上で実施されています。

総合型選抜では校長の推薦は基本的に不要で、専願がほとんどです。出願者を現役に限っている大学もありますが、既卒者（浪人生）も出願できる大学が少なくありません。出

図表3−13　推薦入試の種類と違い

	学校推薦型 指定校制	学校推薦型 公募制	総合型選抜
内容	大学が特定の高校を指定する選抜	大学側の出願条件を満たし、かつ高校からの推薦がもらえれば誰でも出願できる推薦入試制度	大学・学部が求める学生像（アドミッション・ポリシー）にマッチした受験生を採用する方式
入学比率	国公立15%、私立43% 国公立に指定校はほぼない		国公立3%、私立12%
学校の成績	3年生1学期※までの成績	基準や点数に加点する場合もあるが、不要なときもある	出願基準にない場合もある
校長の推薦	必要	必要	基本的に不要
現役既卒	現役	大学によっては既卒者も可	既卒者も出願可の大学が多い
専願・併願	専願	併願もある	専願がほとんど
選抜方法	調査書や書類などのほか、小論文や面接	国公立は共通テストを課すもの、課さないものがある。 調査書や書類などのほかに、小論文や面接、基礎学力試験や適性検査など	公募制と似ているが、小論文と面接が中心。 英語外部試験が必要になる場合も
特徴	希望者が多い場合は校内選考となる 学校の評定が必要	併願可であれば公募推薦を複数受験することも可能。 特別推薦ではスポーツや英語検定、ボランティアなども評価される。商業科や工業科などの定員枠があることも	出願時に書類が多い

※前期・後期制の場合は前期までの成績

図表3−14　総合型選抜の科目と配点

■国公立大学の総合型選抜

【共通テストを課さない選抜】広島大学理学部物理学科の場合

出願書類（調査書及び自己推薦書）＋面接＋筆記試験

筆記試験：物理と数学及び英語の基礎的な学力を問う筆記試験

【共通テストを課す選抜】広島大学法学部の場合

第1次選考：小論文＋面接＋出願書類（調査書及び自己推薦書）

最終選考：第1次選考合格者のうち、共通テスト得点合計が、
概ね合格基準点（360点）以上であること

教科	科目名	配点（点）
国語	国語	200
地理歴史・公民	世界史B、日本史B、地理B ※現代社会、倫理、政治経済、倫理・政治経済　から2つ	200
外国語	英語、ドイツ語、フランス語、中国語、韓国語　から1つ	200
計		600

※公民を2科目めに選択することはできません。

■私立大学の総合型選抜

法政大学キャリアデザイン学部の場合

専願・学習成績の状況が3.8以上

第1次選抜：書類審査（調査書・志願理由書等）

第2次選抜：小論文・面接

立命館大学政策科学部の場合

第1次選抜：書類選考（エントリーシート）＋セミナーのレポート
講義→質問→レポート作成

第2次選抜：個人面接＋グループディスカッション

図表3−15　総合選抜型の基本パターン

選抜型	書類＋面接 書類＋小論文＋面接 書類＋学力試験＋面接

国公立大学や難関大学に多いパターン。小論文やレポート、長文の志望理由書や自己推薦書などを課してその内容を基に面接する。国公立大学の場合、共通テストを課す場合もある。

実技・体験型	書類※＋セミナー・スクーリング・プレゼンテーション＋面接

※調査書、推薦書、志望理由書など

模擬授業やセミナー、実験などのプログラムがあり、参加が出願条件となる。その中でレポート・課題提出などを行う。出願が夏前から始まり、選考が長期間になりやすい。

願条件は学校推薦型選抜よりも緩やかな場合が多く、選抜方法は書類選考と小論文、面接などが中心で、学力試験を課す大学と課さない大学があります。

出願時に受験生自身が作成して提出する書類が多いことも特徴の一つといえます。

国公立大学の総合型選抜では、出願9〜10月、合格発表11〜12月上旬といった入試日程が一般的です。共通テストを受験後1月に出願し、2〜3月に合格発表というパターンや、9月に出願し、共通テスト受験後、2月に合格発表になるパターンもあります。

私立大学の場合は、夏前からエントリーが始まる大学もあれば、2月まで実施される大学もあり、選抜が長期化することもあ

図表3−16　学習成績概評

「学習成績の状況」は、履修した全科目の評定を平均したもので、かつて「評定平均値」と呼ばれていた。学習成績の状況をもとに、高校3年間の成績をA〜Eの5段階で表したものが「学習成績概評」となる。学習成績概評は、Aが学習成績の状況5.0〜4.3、Bが4.2〜3.5、Cが3.4~2.7、Dが2.6〜1.9、Eが1.8以下となっている。大学によってはAでないと出願できないところもある。

高1〜高3の1学期※までの
全評定合計の平均値（5点満点）
＝
全体の
学習成績の状況

全体の学習成績の状況	5.0~4.3	4.2〜3.5	3.4〜2.7	2.6〜1.9	1.8以下
学習成績概評	A	B	C	D	E

※前期・後期制の場合は前期までの成績

ります。

各試験制度の利用時のポイント

一般選抜、指定校制、公募制、総合型選抜のポイントについてまとめておきましょう。

一般選抜は、大学によって科目と配点が大きく異なります。得意な科目の配点が高く、苦手な科目が不要かもしくは配点が低い受験方式で受験する場合と、逆に苦手な科目の配点が高い方式の場合とでは、合格する可能性は大きく変わってきます。

配点や方式を理解し、得意な形で受験ができるように大学・学部を選択するか、志望校の科目・配点に合わせて勉強時間を分配するかを早い段階から検討していく必要があります。

また、指定校制を利用するのであれば、まずは子どもが通っている高校ではどの大学・学部に出願できるかを確認し、1年生から調査書の数字を上げることに努めましょう。

一方、公募制の場合には、選考基準を早い段階から確認し、書類の準備を始め、小論文や科目試験の対策をすることが必要です（公募制であれば一般選抜の併願として検討することも可能）。

総合型選抜は、3年生の5、6月から動き出すことが必要です。一般選抜よりも試験科目が少ない場合があります。

一般選抜では苦手科目や勉強時間の関係で志望大学に受かることが難しくても、学校推薦型と総合型選抜を使うことで合格が可能になることもあります（その場合、1、2年生のうちに英検などの外部検定で加点を狙っていくことも戦略として必要）。

このように、**さまざまな受験方式を視野に入れながら複数の大学を比較検討しつつ、最善のルートを選択していくことが受験成功への近道になります。**

志望校選びで勉強の範囲が大きく変わる

受験制度の基本的な知識をおさえたところで、いよいよ本題である志望校選びについてみていきましょう。

志望校選びは、受験勉強の戦略を定める上で非常に重要です。志望する大学が決まれば、どの科目が入試で必要になるのか、逆にどの科目が入試で不要になるのかが決まります。**つまり「どの大学を受験するのか」によって、力を入れて勉強すべき科目が変わってくるわけです。**

大学入試では国語（現代文、古文、漢文）、社会（地理歴史、公民）、数学（ⅠA、ⅡB、Ⅲ）、理科（物理、化学、生物、地学、同様の基礎科目）、英語（外国語）が出題教科で、大学や学部等によって受験科目は異なります。

国公立大学の多くは、文系、理系を問わず、共通テストにおいて、すべての教科を受験で使います。私立大学の場合は、文系では英語と国語、社会が、理系では英語と数学、理科が出題教科となっているところが一般的です。

ただし、国公立も私立も、大学によっては必要となる科目が減少することがあります。たとえば、文系の国公立大学には数学が必須ではなく、理科も必要としない大学もあります。また、教科ごとの配点が異なることもあります。

さらに細かいことを言えば、教科のなかにはより細かな科目に分かれているものがあり、どの科目が出題科目となるのかは、やはり大学ごとに異なってきます。

図表3−17　国公立大学でも必要となる科目が異なってくる

■【共通テストを課さない推薦入学】名古屋大学 文学部の場合

条件
現役＋専願＋学習成績概評A段階
同一高校で2名以内

評価
第1次選考：推薦書、調査書、志願理由書などの書類
第2次選考：小論文と面接
（11月）
小論文…英語の文書を読み、日本語で論述する形式
面接…5分間プレゼンテーションを行い、10分程度の質疑応答

■【共通テストを課す】千葉大学 薬学部の場合

条件
現役＋学習成績概評A段階
同一高校で3名以内

評価
推薦書、調査書、志望理由書などの書類
11月：総合テストと面接
（総合テストは化学に関する事柄を中心に英語を含めて出題）
1月：共通テスト7科目

■【専願】愛知大学 法学部の場合

条件
現役＋全体の学習成績の状況が3.5以上

評価
調査書：50点
英語：100点
面接

■【併願】愛知大学 法学部の場合

条件
現役＋全体の学習成績の状況が3.0以上

評価
調査書：25点
資格・活動実績：25点
英語：100点
国語：100点

出典：各大学ホームページの情報を基に作成

たとえば数学の科目には「数学Ⅰ」「数学Ⅱ」「数学Ⅲ」「数学A」「数学B」があります。理系の大学の入試ではこれらすべてが出題科目となっているのが一般的ですが、なかには一部を出題しない大学もあります。国公立大学か私立大学にするか、また文系と理系のどちらにするのか、さらにはどの大学を受験するかによって、出題教科・科目は異なってきます。

こうした違いがあることを十分に意識して、志望大学の出題教科・科目に絞った勉強を計画的に行っていくことが大切です。

志望大学合格には受験戦略が必要不可欠

図表3－18は2021年の大阪大学外国語学部の入試配点です。大阪大学の外国語学部に合格するには、共通テストで75～80％程度、2次試験で50％以上の得点を取ることが必要とされています。しかし、配点を見るとわかりますが、共通テスト150点、2次試験500点の合計650点で、圧倒的に2次試験配点が高いことがわかります。

これをあまり意識せずに、共通テストを75％以上取ることにとらわれ過ぎて、共通テストの対策ばかりしていても合格はできないことがわかります。

図表3−18　大阪大学 外国語学部の場合

（点）

	合計	英語	国語	数学	理科	地理・歴史	公民
共通テスト	150	25	25	25	25	25×2	
2次試験	500	300	100	(100)	0	100	0
合計配点	650	325	125	25	25	125	25
比重	100.0%	50.0%	19.2%	3.8%	3.8%	19.2%	3.8%

2次試験で地理・歴史を選択した場合

英語と数学は
13倍の配点差！

※2021年度の受験でのデータです。詳細は大学ホームページでご確認ください。

また、科目別に見ると2次試験は英語・国語・数学または世界史の3科目で受験しますが、英語の2次試験の配点が３００点と非常に大きく、共通テストと2次試験の合計は全体の配点の６５０点の半分である３２５点となっています。これは英語の点数が低ければ合格は難しいことを意味します。

逆に数学は2次試験で選択しなければ６５０点中25点にしかならず、仮に共通テストの得点が50%でも80%でも7〜8点の差しかありません。共通テストで数学を50%から80%に上げるためには数百時間は必要になってくるため、ここに時間を割くぐらいなら、2次科目の点数を上げるために英語をメインにして時間を使ったり、点数を上げやすい理科や社会の勉強をしたほうが効率的です。大阪大学を受けるためには共通テストで高得点を取らないといけないと考えてしまいがちですが、配点をしっかり把握することで、別の受験戦略を立てることが可能になります。

この他にも文系で数学や理科がどうしても苦手な場合、東京都立大学法学部、滋賀大学経済学部など、国公立大学でも英語・国語・地理歴史の3科目だけで受験できる大学も存在しますし、私立大学でも法政大学T日程や関西大学など2科目で受験できる難関大学や、英語や数学など主要科目を使わなくてもよい受験方式を取っている大学もあります。

大学に合格するためには各科目の偏差値を上げることを意識するだけでなく、目標とする大学に合わせて科目の比重を考慮して、合格するための学力を習得すること、または自分の得意科目に合わせて大学を選択することが重要です。

このようなことを、受験勉強の初期に考えることが非常に大切です。

過去問を見ずに大学受験は成功しない

同志社大学と立命館大学はどちらも関関同立と関西のトップグループの私立大学ですが、問題傾向は大きく異なります。特に大きく違うところは次の二つです。

・英作文や英文和訳などの記述問題が出題されるかどうか
・英文法の4択問題が出題されるかどうか

長文のレベルは同志社大学のほうが難しく、さらに英作文や和訳問題など記述問題が出題され、同志社大学をめざす受験生は対策が必須となります。一方、立命館大学ではそれらの問題は出題されないため、記述問題対策は不要となります。

立命館大学では英文法の4択問題が出題されます。同志社大学でも長文のなかで文法知識を問われますが、立命館大学のように単体での出題はありません。そのため立命館大学を志望するには、英文法の4択問題の対策を学習に取り入れるべきですが、同志社大学ではその時間を記述対策などに費やしたほうが得点を上げられる可能性が高くなります。

また、関東の難関私大であるＭＡＲＣＨのなかには、２０２１年入試から共通テストを利用する方式に変更した大学があります。

たとえば、立教大学の一般入試では、文学部の１日程を除き、英語は共通テストの点数を換算した数値を利用、もしくは英検などの英語資格・検定試験のスコアも利用可能です。

青山学院大学の個別学部日程では、経済学部を除くすべての学部で共通テストの点数を利用する受験方式があります。文系学部では国語や社会、理系学部では数学や理科を加えた、共通テストの３科目を利用する学部も少なくありません。しかも、大学の独自入試の点数よりも、共通テストの3科目の合計点数のほうが、配点が高くなる場合がほとんどで、共通テストで点数が取れるかどうかがとても重要となります。

英語では、共通テストの利用と大学独自の問題で、次のような違いがあります。

・英文法の4択問題が出題されるかどうか

・リスニングが出題されるかどうか

現在の共通テストでは英文法の4択問題が出題されないため、英文解釈や長文読解の対策に力を入れたほうが点数を上げられる可能性が高くなります。ただし、中央大学の独自入試では英文法の4択問題や和訳などの記述問題の対策が必要です。明治大学、法政大学、中央大学の独自入試ではリスニングがありませんが、共通テストの場合は対策が必要です。

このように同じ難関私大のトップグループでも問題の傾向に差があるため、受験勉強の初期段階から知っているかどうかで学習効率は大きく変わります。

入試の出題教科はどのように把握すればよいのか

志望校を早期に決め、勉強する範囲を定めることによって、合格できる可能性を大きく高めることが可能になります。では、勉強範囲——つまりは志望校の出題教科・科目を知るにはどうしたらよいのでしょうか。

まずは各大学の入試の概要等の情報を網羅した、大学受験生向けのポータルサイトを利用するとよいでしょう。特に使い勝手のよいサイトとしては「大学受験パスナビ」（旺文社）が知られています。また、各大学の公式ホームページでも「入試情報」などの箇所で出題教科・科目等の試験内容について詳しく紹介されています。ただし、試験内容は毎年同じとは限らず、大学によっては変更する可能性があるので注意が必要です。

一例をあげると、早稲田大学の国際教養学部では2020年まで英語と国語、社会（もしくは数学を選択）を独自に出題していました。しかし、2021年からは独自試験は英語だけとなりました（国語と社会〈数学〉については共通テストが利用される）。

試験内容が変更されるとしてもいきなりではなく、大学のサイト上で事前に告知されます。**入試の変更情報等を見逃さないためにも、志望大学を決めたら大学ホームページを定期的にチェックすることをおすすめします。**

併願校は第一志望と出題教科を重ねる

受験する大学の選択に関しては、第一志望校だけでなく併願校をどこにするのかも決める必要があります。併願校とは、第一志望校に万が一受からなかった場合を想定して、進学先を確保することを目的に受験する大学です。

そして、この併願校を選ぶ際にも出題教科・科目が選択の大きなポイントになります。

結論からいうと、併願校は第一志望の大学と出題教科・科目が重なるところを選ぶのが適切です。第一志望の大学では出題されない教科・科目が、併願校の試験に含まれていると、わざわざそのための勉強をしなければならなくなります。その結果、第一志望校の出題教科・科目の勉強時間が減ることになります。つまりは、第一志望校の合格可能性がそれだけ下がるおそれがあるわけです。

また、併願校でしか出題されない教科・科目の勉強は、受験生からすると、モチベーションを上げにくいものです。特に第一志望の大学の受験日が近づくにつれ、「なぜ、自分はこんな勉強をしているのだろう」と、まるで無駄なことをしているような感覚に陥ってしまうことがあります。

第一志望の大学と併願校の出題教科・科目が同じであれば、こうした不合理な状況を免れることができます。

調査書の評価を高めれば指定校制で逆転合格も可能

志望校を決める際には一般選抜だけでなく、前述した学校推薦型選抜の指定校制が活用できるかどうかも、ぜひ検討してみてください。

指定校制で受験した場合、一般選抜のように国語や英語、数学などの教科・科目の試験はなく、書類選考や面接・小論文などで合否が決まります。そのため、**一般選抜では入るのが難しいレベルの大学でも指定校制を使うことにより、合格できる場合もあります。**ただし、指定校制には学内選考があるので、希望する場合は学校の定期テストで好成績を修める必要があります。

評価は、主に定期テストの点数を基に行われます。そのため、1年生のときから定期テストで全教科に関して好成績を得るよう努力することが求められます。また、学校によっては、1年生のころから指定校制で受験する意思を示しておかないと選考の対象にならないところもあります。そのような学校では、1年生、2年生の成績が良くても3年生になってからでは受け付けてもらえないおそれがあるので注意が必要です。

「子どもの高校が指定校制の対象となっているのか」も含め、指定校制に関する情報は、子どもや親にはなかなか伝わってこないものです。

そこで、指定校制を利用したいのであれば、積極的に情報を得ようとする姿勢が必要になります。情報収集の手段としては、1年生のときから三者面談の際に担任に相談したり、子どもの通っている高校で実際に指定校制を使って合格した先輩やその親から話を聞いたりするなどの方法が考えられます。

なかには高校受験の段階で、その学校がもっている指定校制の枠をチェックするという親もいます。指定校制によって一般選抜では難しい学校に合格できる可能性があるという利点がありますが、早期から意思表示しておく必要があります。

指定校制で受験する場合は、全科目で高い評定を取ることが最優先になるので、定期テストの点数を第一に考える必要があります。もちろん確実に合格できるとは限らないので、一般選抜も視野に入れて勉強することになります。普段は一般選抜の勉強を、定期テストの前には定期テストの勉強を最大限に行うという戦略になります。

公募制で滑り止めを確保する

一般選抜や指定校制以外の試験制度としては、先に解説した、学校推薦型選抜（公募

図表3−19　試験日と合格発表の日程概要

		8月	9月	10月	11月	12月	1月	2月	3月
国公立大学	一般選抜			大学入学共通テスト出願			大学入学共通テスト / 2次出願	2次試験 / 前期	合格発表 / 中期 合格発表 / 後期 合格発表
	学校推薦型選抜				出願 / 試験	合格発表			
	総合型選抜		出願	試験	合格発表				
私立大学	一般選抜					前期出願		前期 / 合格発表 / 中期後期出願 / 中期後期	中期後期合格発表
	大学入学共通テスト利用入試			大学入学共通テスト出願			大学入学共通テスト / 出願	▶合格発表 / ▶個別試験	合格発表
	学校推薦型選抜			出願	試験	合格発表			
	総合型選抜		出願	試験	合格発表				

共通テストを課す大学もある
※合格発表は共通テスト後

共通テスト前に出願を締め切る大学も多い。

共通テスト併用入試では個別試験がある

※3月まで実施する大学もある

制）もあります。

総合型選抜や指定校制は、合格した場合に必ず入学しなければならない専願です。

一方、公募制は大学によっては専願しか認めないところもあれば、併願を認めるところもあります。**そこで、国公立大学を第一志望とする場合には、併願が認められる私立大学を公募制で受験することも積極的に検討してみるとよいでしょう。**

公募制は一般的に11月ごろに試験が行われます。そこで合格を得ておけば、本命である国公立大学の試験対策に集中して取り組むことができます。

国公立大学を受験する場合、1月の共通テストの後に併願した私立大学の一般選抜を受けるため、時間をとられることになります。公募制で大学を確保しておけば、そうした時間のロスが避けられるので、同じ国公立大学を本命としているライバルたちに差をつけることができます。

もちろん私立大学志望の場合でも第一志望だけでなく、公募制で滑り止めをキープしておくという考えで受験することもおすすめです。滑り止めに合格しておくことで、受験数をセーブしつつ、志望校への対策に時間を充てることができます。ただし合格した大学をキープする場合、入学しなくても入学金が発生することは、注意しておく必要があります。

POINT 4

モチベーション

子どものやる気を持続させるために親ができること

ここまで、目標をもたせることの大切さや志望校の具体的な選定方法などについて解説してきました。

受験に対してやる気になった子どもは、受験勉強をひたすら進めていくことになりますが、勉強の期間は長期に及ぶのでモチベーションが低下することもあるでしょう。

そうした子どもの姿を見て、親の立場から「なにかアドバイスするべきかな?」「黙って見守っていたほうがよいのだろうか?」などと悩む場面も出てくるはずです。

本章では実際に受験生の親からさまざまな質問や相談を受け、私がアドバイスしてきた答えのなかから特に重要なものや、皆さんにお願いしてきたことなどをお伝えしたいと思います。

まずは勉強を始めた高校1年や2年の段階で直面する問題について解説しましょう。

高校3年生以降の受験期の問題解決の方法についてはPOINT6で改めて取り上げます。

子どもにとって親はドリームキラーにもなり得る存在

大学受験では受験生本人のやる気が最も重要とはいえ、孤独な受験生活のなかでやる気を維持することはそう簡単なことではありません。モチベーションの低下はそのまま学力の低下につながります。逆にモチベーションが上がれば、それに伴い学力もアップし、大学の合格可能性もまた高まっていくことは間違いありません。

では、子どものやる気を保ち、モチベーションを向上させていくために、親はどのようなことに注意しておく必要があるのでしょうか。

まず、何よりも心がけておかなければならないのは、〝ドリームキラー〟には決してならないことです。ドリームキラーとは、他人が抱いている夢や掲げている目標に関してネガティブな言葉を投げかけて、やる気を失わせる人のことです。大学受験では、とりわけ親・先生・友だちなどの身近な人たちが、無意識にドリームキラーになっている場合が多々あります。

親は子どもよりも経験が多い分、現実的な面から物事をとらえて子どもの考えを否定してしまいがちです。たとえば「医者になりたいから医大を受験したい」という子どもに対して、「学費が高いから無理」「今の偏差値では受かるわけがない」と、つい否定から入ってしまうことはよくあります。

親心から何気なく言ってしまうネガティブな一言を、子どもはまるで自分の未来を否定されたかのように受け止めてしまいます。将来に夢と希望を抱き、その実現のために勉強をがんばろうとしているのに、「無理ならやめようか……」と受験に対する意欲を失うことになりかねません。実際に、親・先生からの言葉に悩んでいる生徒から「こんなことを言われたのですが、どうしたらいいでしょうか……」と相談を受けることがよくあります。

学費の問題は奨学金を受けたり、私立よりも授業料が安い国公立に入学したりすることで解決できます。また、偏差値は勉強時間と戦略の工夫次第でアップさせることが十分可能です。**まずは本人のモチベーションを高めて、勉強に取り組む「一歩」を踏み出せるよう背中を押してあげることが大切です。**進みたい大学やなりたい職業など、子どもが思い描いている将来のビジョンを否定するような言動は絶対に避けましょう。

「親の自分が一番わかっている。この子には○○は向いてない」などと初めから否定することなく、**「自分と子どもは育ってきた環境も時代も価値観も違う。どんな職業にも就ける可能性がある」とポジティブに受け止めてあげてください。**

その上でどうしても子どもの進路に関して、「このまま黙って見過ごしていれば大変なことになるかもしれない」と危惧するところがあるのなら、目の前に子どもを座らせるなどして真剣な話をする環境・雰囲気をつくり、そこで大人としての考えをまっすぐに伝えるべきです。

そのようにすれば、子どもは「頭から否定された」と感じることなく、親の意見を「自分のために言ってくれたんだ」と受け止めることができます。

子どものやる気を取り戻すために限界を乗り越えた実例を伝える

受験勉強を続けていくなかで、「どんなに勉強しても結果が出ない」「この成績では志望校には受からない」などと、〝限界〟にぶち当たったかのように感じ、受験に対するモチベーションを失ってしまうことがあります。

子どものやる気を取り戻すためには、まず気持ちがプラスの方向に向くような言葉をかけてあげることが必要です。「今はまだ結果が出ていないけれど、もう少しすればきっと努力の成果が現れるはず」などというように、ぜひ強く励ましてあげてください。

また、子どもが限界を乗り越えるために、必要となる適切なアドバイスやサポートを行うことも求められます。受験生が限界を感じている場合、その原因となっている問題の多くは十分に克服することが可能ですし、しかも、克服に役立つ情報は、インターネットで手軽に入手することができます。

現在高校2年生で偏差値50の子どもが、早稲田大学の受験を考えたとします。おそらく「この偏差値では早稲田に受かるのは無理だろう」と思う人は少なくないはずです。しかし、インターネット上には、偏差値50台どころか40台、30台から勉強をスタートして早稲田大学に受かった受験生の体験記が存在しますし、それを実現するための方法、すなわち偏差値を飛躍的に高めるための具体策も見つけることができます。

そうした情報に触れることによって、「ああ、自分もこのような方法で勉強すれば成績を上げられるかもしれない。よし、もう一度がんばってみよう！」とやる気を取り戻すかもしれないのです。

このように子どもが限界を感じてモチベーションを失ってしまった場合には、他の受験生が限界を乗り越えた実例や、乗り越える手段があることを伝えてあげるとよいでしょう。ただし、インターネットに上がっている情報はごく一部の成功例であり、なかには広告・宣伝目的の話も含まれていることを忘れないでください。インターネットの内容を鵜呑みにしてしまうと、逆にうまくいかない場合もあります。

また、インターネット上ですすめられている勉強方法をまねしてみても、疑問点を相談できる人が身近にいるかどうかなどの個人的な事情が異なれば、結果も変わる可能性があります。あくまでも「〇〇という方法もあるみたい」などと参考程度に教えてあげるのがよいでしょう。

試行錯誤の結果、どうにもならない場合にはやはり大学受験専門の塾・予備校に相談することを検討する必要があります。

学校の定期テストを活用してモチベーションアップ

早期に志望校を決めて勉強する科目を絞るという戦略が、合格の可能性を高めることは説明しました。しかし、高校1年から受験勉強を始める場合、本番の試験まで十分時間があるが故に、緊張感を持続させることが難しいものです。そのような場合には、「学校の次の定期テストで〇点取る」という形で目標を決めさせるとよいでしょう。もちろんすでに定期テストで高得点が取れている場合は、受験対策に時間を使うようにします。

高校入試では定期テストの結果が評価されることが多く、入試において重要な要素になっていました。しかし、大学受験では定期テストの結果が評価対象から外れることが少なくありません。受験勉強をすればするほど、定期テストで高得点を狙うことに疑問をもつ子どももいます。

では、高校の定期テストは大学受験には全く意味のないものなのかといえば、そうとは言い切れません。もちろん高校の定期テストの出題難易度にもよりますが、定期テストの勉強で一度深く理解しておくと、共通テストや偏差値50台の私立大学の入試に対応できるレベルになります（英語長文読解と現代文読解は、教科書の内容と入試が結びつきにくいので除く）。

また、定期テストには次のような特徴があります。

・定期テストでは周りも必死に勉強するので、勉強に対する意欲を上げるきっかけになる。
・出題範囲が絞られているため成績を上げやすく、学校の先生からの評価も上げやすい。
・テスト週間に入るまでの1カ月にどこまで準備できたかで勝負が決まる。

こうした特徴から、定期テストは「勉強をしたら点数が上がるんだ！」という成功体験につながる、最も身近な学習であるといえます。

子どもが「勉強は嫌いだ」「○○の科目は苦手だ」という場合、実は定期テストで点数が取れないことが理由となっている場合が多いのです。逆に、「勉強は好きだ」「○○の科目が得意だ」という子どもは、定期テストで点数がしっかりと取れています。

私は大学受験指導の一環として、勉強を始めたばかりで自分に自信のない1年生、2年生に対しては、特に短期間で確実に点数上昇のできる理科、社会、数学を勉強することの重要性を説き、定期テストで学年トップクラスを狙うよう促すことがあります。するとその「さすがにそれは無理では？」と本人からも親御さんからも（塾・予備校関係者からも）言われます。しかし、「この定期テストで人生を変えるぞ！」と勉強時間を増やし、受験で必要な科目、狙いを定めた科目に集中させることで、十分に目標を達成することができるのです。

その結果、自分でもやればできることを実感し、周りの評価も変わり、受験勉強への意欲が増していきます。**このように定期テストを受験勉強のモチベーションアップに活用することができます。**

モチベーションを高めるための家庭における環境づくり

勉強に対するやる気を維持するためには、家庭における環境づくりも非常に大切になります。まずは、子どもの周りに勉強の妨げになるものがないかをチェックしてみましょう。

たとえば子どもの部屋にテレビやマンガがあると、ついついテレビを見たり、マンガを読みふけったりして勉強に集中できなくなります。こうした子どもの勉強時間を奪ってしまうおそれがあるものは、最大限取り除く必要があります。

ただ、これは親が一方的に取り上げるのではなく、本人の意思で行わなければ効果がありません。現在の環境が大学合格のためにはマイナスになっていることを話し、本人に自覚させ、自分から勉強の妨げになるものをしまわせましょう。

環境づくりの他に、生活習慣の見直しも重要です。**まずは今の習慣を「見える化」してみて、勉強時間に充てるべき時間帯を見極めていきます。**

私が指導する際には、生徒に目標を決めさせた後、生活習慣を書き出してもらうようにしています。図表4－1は、受験勉強を始める前の日常生活（Before）と、勉強に不要な要素をすべて勉強に置き換えた、自分にとって理想的な日常生活を書き出した表です（After）。

時間軸で整理すると、自分がどんなことに時間を費やしているかが一目瞭然になります。すると、ほとんどの子どもが〝無駄な時間〟を、自発的に〝勉強時間〟に置き換え、率先して行動するようになるのです。

テレビやスマホで視聴しているドラマなどがあれば、それが将来の自分と今の自分のために必要なものかどうかを一つずつ確認していきます。すると「このドラマだけは見たい。1週間の楽しみでやる気が高まる」などといった答えが返ってくることもあります。

図表4−1　日常生活の改善前と改善後

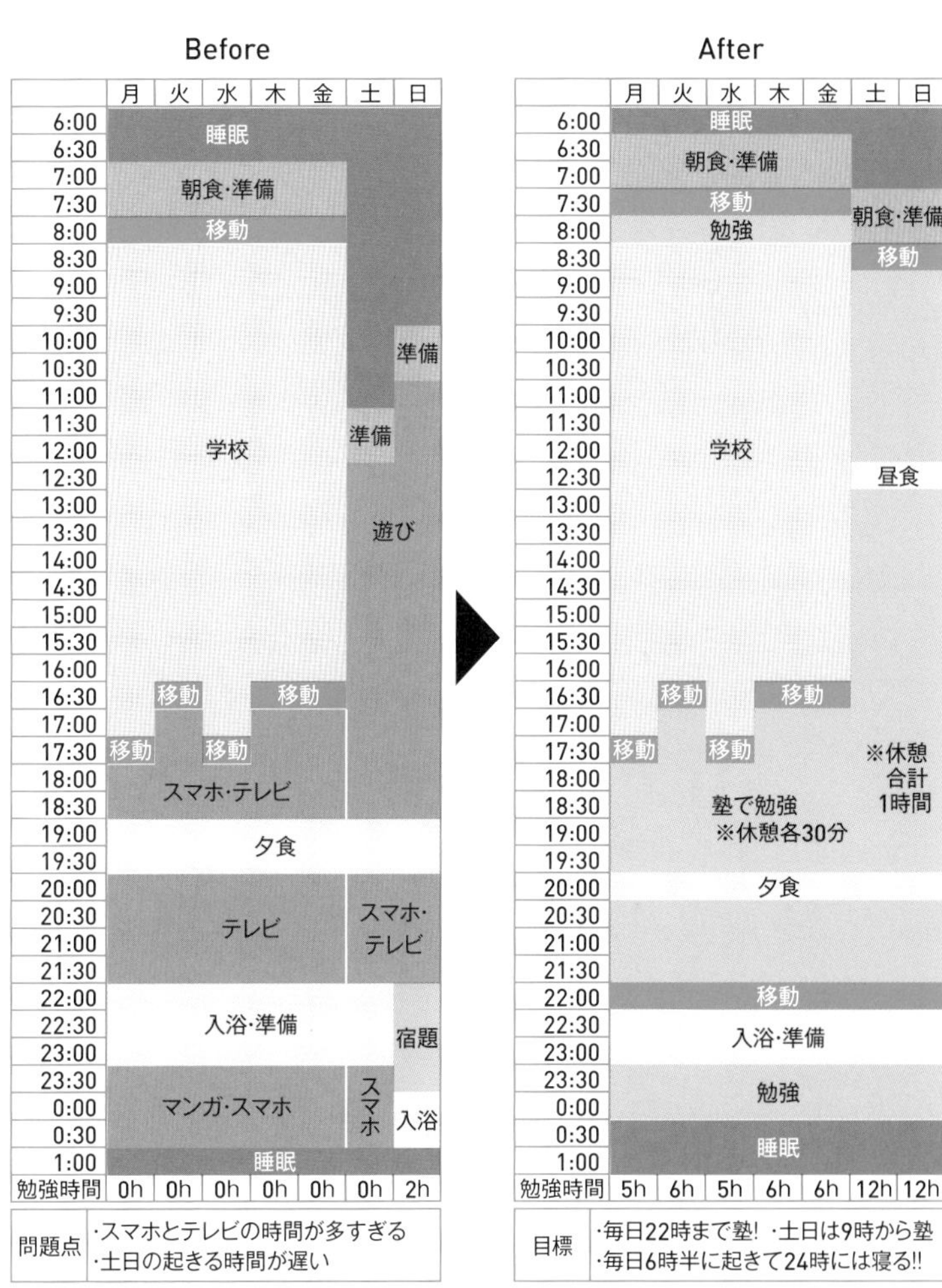

自分の将来のためにプラスになるものや、やる気を出すために必要なものは許容範囲ですが、そうでなければ排除していきます。

友だちとの遊びや、SNSなども同様に改善しつつ、就寝時間が遅い場合や休日の起床時間が遅い場合も改善案を提示することで、生活習慣を見直します。

勉強時間を増やしなおかつ勉強の質を高めるためには、今まで述べてきた生活リズムの可視化と環境づくりが重要になります。この二つが揃うと勉強を習慣化させることが容易になるのです。

家庭で同様の取り組みを行う場合、子ども一人ではそれまでの習慣を簡単に変えられないでしょうから、毎週1回は親が確認し、もしできていればほめて、できていなかったときにはどうすればできるようになるかを、子どもと一緒に話し合う必要があります。

また、先にも触れましたが、子どもをどのようにスマホから引き離すのかも考えなければなりません。スマホには辞書ソフトのように勉強にも役立つ有益なアプリや機能なども備わっているため、「一方的に取り上げてしまうのはどうだろうか」とためらう親もいます。ただ、スマホの管理を子どもも任せにしてしまうと、勉強もせず娯楽系の動画を延々と見続けたり、友達とSNSで長々とメッセージをやりとりしたり、いたずらに時間だけが過ぎていくことになりかねません。

強い意志をもって自分の行動を厳しく管理できるような子どもなら別ですが、そうでなければ、勉強中は基本的に親が預かるか、勉強部屋とは別の場所に置き、「インターネットで調べものをしたい」「英語の学習アプリを使ってリスニングの練習をしたい」などの必要に応じて、その都度取りに行くようにするのが望ましいでしょう。

家ではどうしても気が散って勉強に集中できないような子どもや、住環境に制約があって勉強する環境が整いづらい子どももいるはずです。そのような子どもは、塾・予備校の自習室や、有料自習室、近所の公立図書館の自習室など、自宅以外に勉強できる場所を確保することが必要になります。自宅であれ外であれ、「その場所では勉強するしかない」という環境を確保することが重要になります。

勉強開始までにかかる手間を減らす工夫も必要

子どもが勉強をしやすい環境を整える上では、できるだけ手間や面倒をなくす発想や工夫も求められます。受験勉強に限りませんが、何らかのアクションを起こすとき、なかでも勉強のようにあまり積極的にしたいとは思わないような活動・作業をするときには、着手するまでに手間がかかればかかるほどやる気が失われていくものです。

たとえば塾・予備校の自習室に勉強に行こうとするときに、筆箱に筆記用具を入れて、参考書をカバンに詰めて……などという作業が必要になると、行動に移すこと自体が億劫になり、「勉強したくないな、今日は自習室に行くのはやめようかな」という気持ちが生まれやすくなります。

自習室で勉強する予定があれば、前日の寝る前に勉強に行く準備を完了させておきます。次の日はカバンを持ってそのまま出ていけばよいだけなので、やる気をそがれることなく、「よし、今日はたっぷり勉強するぞ」という気持ちを保てるはずです。

やめさせたいことは逆に手数を増やすようにするとよいでしょう。たとえばスマホを見過ぎているようなら、リビングに取りに行かなければ使えないようにするとか、テレビをやめられないのならリモコンはタンスにしまっておくなど、アクセスするまでの手間を多くすると、その回数を減らすことができます。

このような方法を教えながら、**子どもが自ら勉強の妨げとなることを遠ざける工夫をするように導いていくことが大切です。**

部活は勉強しない理由にはならないことを自覚させる

受験勉強の開始を遅らせる原因の一つとして、「部活と勉強の両立」という大きな課題があります。実際、「部活で疲れて勉強ができない」という高校生は少なくありません。

部活に熱中していると、どうしても勉強よりも部活を優先しがちです。特に体育系の部活では土日も練習や試合があることが多いので、学校以外の勉強の時間がほとんどない状態になります。それでも子どもがせっかく熱心に取り組んでいることに対して否定したくない、口出ししづらい、というのが親の気持ちではないでしょうか。

しかしなかには、部活に対してそれほど思い入れがないのに、なんとなく続けている子どももいます。この場合、部活を辞めることを提案すると、あっさりと辞めてしまうことも珍しくありません。ただし部活が義務づけられている高校では、自分だけ辞めることは難しいでしょう。そのような場合には、比較的活動に時間を取られないようなもの、体力的に負担の少ない部活に移るという方法も考えられます。

団体競技の部活の場合は、チームワークや団結力が日ごろから大切にされ、受験勉強を理由に自分だけが辞めることに決心がつかないのは容易に想像がつきます。そうした状況であれば、他の部員に対して、現状を改善するために活動時間を短縮する、土日は部活を休みにするなどの働きかけを行うよう、子どもに促してみてもよいでしょう。

ただ、部活にやりがいを感じていて、部活を辞めたり、変えたりすることなど全く考えられないという子どももいます。この場合、勉強も部活も両立させたければ、質の高い勉強をしなければならないことを教える必要があります。

私も高校時代は部活を一生懸命やっていましたし、部活で得られることは非常に多いと思っています。ですが、「部活をやっているから勉強時間がとれなくて当然」などと考えていると、部活をやらずに一生懸命勉強している人と比べて、どうしても勉強時間は少なくなります。大学受験はそのような状態で合格できてしまうほど甘いものではないのです。

限られた地域のなかで競争する高校受験と違って、大学受験は〝全国勝負〟であり、ライバルは同じ高校の同級生たちだけではありません。都市部の中高一貫校では、通常の公立高校よりもはるかに早いペースで学校のカリキュラムを一通り学習し終えます。また、部活の引退時期も3年生の夏でなく2年生になっていたり、高校3年生の秋以降に学校が半日になったりするところもあります。受験勉強の時間をより確保しやすくするためです。

通っている学校の常識にとらわれず、**「他の高校にはもっと勉強をしている子がいる」「より勉強ができる子がいる」と、受験に関する子どもの視野や価値観を広げることも必要です。**そうすることで、「部活を続けるためには勉強も手を抜くわけにはいかない」といった意識変革につながります。

ほめられれば勉強へのモチベーションがさらにアップする

どんな子どもでも、「親に認めてもらいたい」という気持ちをもっています。高校生になっても、そうした思いに変わりはありません。親からほめられれば、「よし、もっとがんばるぞ」と勉強へのモチベーションが格段にアップするはずです。

「うちの子はほめるようなところがないから」と謙遜する親も多いのですが、ほめるタイミングは、定期テストや模試の点数が上がったときといった〝結果〟が出せたときだけとは限りません。これまで勉強にやらされ感のあった子どもが、自ら机に向かうようになった、自習室・図書館等に毎日通うようになった、というように勉強に対する姿勢の部分——要するに〝プロセス〟をとりあげて評価してあげればよいのです。

実際のところ、テストの成績は試験を受けたときの心身の状態など、その時々の状況にも左右されますし、教科によっては勉強の成果がすぐに現れないものもあります。

たとえば、模試で英語の成績を上げるためには、語彙（ごい）（単語・熟語）と文法の知識をおさえた上で、読解の練習も行わなければなりません。これらすべての勉強をこなすためには相応の時間が必要になります。結果を急がず、長い目で見守ることが求められます。

成績や勉強内容に関してはほめにくい場合もあるでしょうから、「毎日、勉強するようになって偉い」「最近夜遅くまでがんばっている」などと**子どもが努力している姿、一生懸命に取り組んでいる様子を認めてあげて、自信をつけさせることをおすすめします。**

「勉強しなさい」では勉強するようにはならない

積極的に評価するのとは逆に、子どもの受験に対するモチベーションを大きく下げてしまう親の言葉があります。

それは「勉強しなさい」です。

「私が大学受験したときは必死で勉強をして、あなたのようにダラダラしていなかった」「お兄ちゃんのときは」「お姉ちゃんのときは」……などと誰かと比較して、勉強をしていない状態に対して口を出したくなることは多いと思います。

子どものことを考えれば考えるほど、そうした現状が気になってしまうのはわかります。ただ、「勉強しなさい！」と叱咤するのはぐっとこらえて、勉強をしない理由を尋ねましょう。すると、「実は最近、志望校のことで悩んでいる」とか、「英語の点数が上がらない」などといった悩みがあり、そのために勉強に前向きになれずにいることがわかる場合もあります。

また、さしたる悩みもないのに勉強に向かえていないのであれば、モチベーションが低下している可能性があるので解決策を一緒に考えてあげましょう。

家庭の金銭状況を子どもに伝え、一緒に打開策を考える

経済的な理由から、本当に行きたい大学を諦めなければならないこともあります。大学進学に必要な費用の問題も、子どものやる気に大きく関わってきます。

先に触れたように、大学の選択は子どもの将来を大きく左右します。人生でこの上なく重要な選択であるにもかかわらず、第一志望の大学に挑戦すらできない状況では、モチベーションにマイナスの影響を与えかねません。

もし、お金の問題で子どもの望みをかなえることが難しい状況にあるのならば、奨学金や教育ローンを利用して解決するという方法があります。いずれも返済が必要となりますが、奨学金は条件によっては無利子ですし、教育ローンも通常、利率は低いので返済の負担を抑えることができます。

日本学生支援機構の「学生生活調査（平成30年度）」によると、何らかの奨学金を受給し

ている割合は、47・5％です。

また、同調査では、アルバイトをしている大学生は86・1％で、アルバイトでの平均収入（1年間）は、40万1500円。年間100万円以上稼ぐ学生もおり、学費や生活費の一部をアルバイト代でまかなっているケースも多くあります。

なかには、できれば子どもに〝借金〟を負わせたくないという親もいますが、この場合、子どもの将来に対する投資という側面もあります。奨学金を受けるかどうかについては、この点も踏まえた上で、子どもと十分に話し合って検討してほしいと思います。

大学進学にかかる費用を解決する方法としては、2020年4月から国が実施している高等教育無償化（高等教育の修学支援新制度）というものもあります。この制度は、低所得世帯の高等教育の負担を軽減することを目的としており、世帯年収が一定の条件に該当すると、国の確認を受けた大学等の入学金と授業料が減免され、原則として返還が不要な給付型奨学金の支給を受けることができるというものです。

条件を満たすようであれば、このような制度の利用も積極的に検討してみてください。

受験自体にもさまざまな費用がかかる

大学に進学した場合に支払わなければならない主な費用としては、**入学料と授業料**があげられます。文部科学省が定める標準額によれば、国立大学では入学料が28万2000円、授業料が53万5800円となっています。一方、私立大学は入学料が24万8813円、授業料が91万1716円となっています（「私立大学等の令和元年度入学者に係る学生納付金等調査結果」文部科学省）。

親世代の多くが大学に進学した時代に当たる1986（昭和61）年、今から35年前の授業料をみてみると、国立大学は25万2000円、私立大学は49万7826円です。それと比べると約2倍になっていることがわかります。

また、**大学受験では、思わぬところで多くの費用がかかります。**それを知らずに大学に入学してからの学費だけを想定していると、大きな誤算に悩まされることになりかねません。

受験にはどのくらいの費用がかかるのでしょうか。順にみていきます。

最近では割引制度もある受験料

私立大学の一般的な受験料は3万5000円（税別）ですが、近年では多くの大学で受験料の割引制度が設けられています。

図表4−2　受験にかかる費用の概要

■主な受験料

共通テストの受験料	3教科以上　1万8,000円 2教科以下　1万2,000円
国公立大の受験料	1万7,000円
私立大の一般的な受験料	3万5,000円
共通テスト利用一般的な受験料	1万5,000〜1万8,000円

■交通費と宿泊費

宿泊費（1泊·1人）	8,000〜1万円
交通費（例：大阪から東京往復）	2万5,000〜3万円

受験する学部を変えるなどして複数回受験する場合には、追加1回ごとに5000円や1万5000円など所定の金額を上乗せして支払うだけで受験できるところもあります。

また、私立大学は3教科での受験が一般的ですが、得点上位2科目を採点して合否を出すところもあります。追加で受験料を払えば、そのような制度も利用できます。

このように、近年は制度や費用の面からも複数回受験がしやすくなっています。

合格キープのための入学金

大学に合格した場合には、合格をキープしておくために入学金を支払わなければなりません。ただし、この入学金は基本的に

図表4−3　受験スケジュール概略

返金されません。

前述のように文部科学省によると、私立大学の入学金の平均額は24万8813円（令和元年度）です。この支払いが1回だけではなく、受験の方法によっては複数回必要な場合もあります。

国公立大学を受験する場合には、私立大学との受験日に開きがあるため、最低でも1大学には入学金を納めることになるでしょう。

先に私立大学の滑り止めを受験し、私立大学の本命を後で受験した場合には、両者の受験日が離れていると滑り止めにも、私立大学の本命にも入学金を納めなければならなくなります。さらにこのケースでは、国公立大学（一番の本命）に合格した場合には、私立大学に納付した入学金すべて（2校分）が無駄になることも考えられます。

次のような場合にも入学金の支払いが発生する可能性があります。

①学校推薦型の公募制を併願で受験した場合（入学手続きが12月に多くあるため）。

②共通テスト利用や、私立大学の中期や後期日程を利用した場合（日程にバラつきがあるため）。

決して安くはない出費ですが、**この入学金の支払いを怠ると、せっかくの合格が無効になってしまう**ため、必要経費として確保しておくことをおすすめします。

交通費と宿泊費もかかる

地方に住んでいる受験生が地方受験に対応していない大学を受験する場合、大学の所在地まで行かなければなりません。そのための交通費と宿泊費も必要になります。

地方受験とは、地方に住んでいる受験生のために、地方の中核都市などに本学とは別に受験会場が設けられるものです。一方、本学での受験は本学受験と呼ばれています。現在、私立大学の多くは地方受験を実施していますが、なかには本学受験しか行っていないところもあります。そうした地方受験を行っていない大学を受験する場合には、地方から東京等の遠方に足を運ばなければならなくなります。

図表4−4　受験にかかる費用のシミュレーション

■宿泊して国公立大学を前期・後期受験（各1泊）し、私立大学を割引なしで7回受験（10泊）、入学金を1回納めた場合。

共通テスト受験料	1万8,000円
国公立大学（前期・後期）	1万7,000円×2＝3万4,000円
宿泊費（2泊）＋交通費	8,000円×2＝1万6,000円 3万3,000円×2＝6万6,000円
私立受験料（7校分）	3万5,000円×7＝24万5,000円
宿泊費（10泊）＋交通費	8,000円×10＝8万円 3万3,000円×2＝6万6,000円
私立大学入学金	25万円
合計	77万5,000円

私立大学の宿泊と交通費を除いても62万9,000円

また、地方受験に対応している大学を受験する場合でも、自宅から受験会場まで離れていれば、会場の付近に宿泊する必要が出てきます。親も受験に付き添う場合には、親の分の交通費や宿泊費もかかります。さらに、国公立大学の入試では試験が2日間にわたることが多いため、前泊を含めて2泊するのが一般的です。

また、関東の私立大学の最難関である早慶上理（早稲田・慶應・上智・東京理科）と上位校のMARCHを受験する場合には、体力や移動時間のロスを考えて、2月上旬から下旬まで20日間ほど東京近郊に宿泊する受験生も珍しくありません。

以上みてきたように、**大学の学費はもち**

ろん、受験にかかる費用だけでも結構な額になります。

お金をかければ受験回数を増やすことができ、志望大学の合格の可能性を高められるようになってきました。しかし、その分、受験制度が多様化し、複雑になってきています。**受験にかかる費用を節約しつつ、合格する可能性を高めるためにも、受験校の選定や受験戦略がこれまで以上に重要なポイントとなるのです。**

私立大学のなかには、入試の高得点者に対して授業料が国公立並みに安くなるような奨学生制度を設けているところもあります。「大学は学費が高い」と決めつける前に、「何か解決策はないだろうか」と調べるなどして、有益な情報を得る努力が必要です。

また、金銭的な事情が大学受験の障害になり得る場合には、世帯収入など家庭の金銭状況を子どもに正直に打ち明けましょう。事実を伝えることに恥ずかしさや抵抗を感じるかもしれませんが、何も知らないまま一方的に「○○大学はダメ」と言われるのは、子どもにとってあまりにも理不尽です。子どもたちは自分の人生をかけてがんばろうとしているのです。あるがままの事実を伝えて打開策を一緒に考えれば、子どもは「親は自分のことを真剣に考えてくれている」と思えるものです。

POINT 5

学校、塾・予備校
の活用法

残された時間を無駄なく効率的に使う

目標や志望校が決まり、モチベーションも高まり、勉強を始めたものの「成績をアップするために、何をすればいいのかわからない」「勉強をやってもなかなか成績が上がらない」という状況に陥ることがあります。

そのような場合、子どもは、学校の授業の復習や英単語の暗記など思いつく限りのことをあれこれと試してみたくなるものです。

しかし、受験には試験日というタイムリミットがあります。勉強のための時間は無限にあるわけではありません。

しかも、受験勉強は、学校の勉強・宿題・学校行事・部活・友達関係・遊び等々……と並行して進めていかなければならないのです。無為に過ごせば、それらのために時間はどんどんなくなっていきます。

この章では、そうした厳しい時間の制約のあるなかで、確実に成績を上げるための現実的な方法や、塾・予備校の活用法などについて伝授したいと思います。

合格に必要な勉強時間をまずは把握する

合格を確実なものにするためには、残された時間を無駄なく使って、効率的に勉強に取り組まなければなりません。受験日までの時間を最大限に使い、志望大学で出題される教科・科目に絞った勉強を行うことが重要になります。

そのためには、まず「志望する大学に合格するためにはどれだけの勉強時間が必要なのか」を把握することが求められます。

たとえば高校3年生の時点で偏差値45の状態から勉強して、ＭＡＲＣＨや関関同立などと呼ばれる上位の私立大学に合格するためには、最低でもおよそ１０００時間から１２００時間が必要になると私は考えています。もしこれらの私立大学と同レベルの国公立大学をめざすのであれば、それ以上の勉強時間を費やさなければなりません。国公立大学は、私立大学に比べて出題される教科・科目の数が多いのが一般的だからです。

さらに、受験する大学のレベルを早稲田や慶應などの難関私立大学、あるいは東京大学や京都大学、大阪大学などの旧帝大と呼ばれる国公立大学の最上位校に上げるのであれば、難易度の高い試験に対応するために、より多くの時間が必要になります。

このように、志望する大学が国公立なのか私立なのか、難関校なのかなどによって求められる勉強時間は異なってきます。

実際に不合格になった受験生を見ていると、本人の能力というよりも勉強時間が不足していることが原因になっていることがほとんどです。

もちろん現時点の学力の程度によっても、合格に必要な時間は変わります。もしすでにMARCHレベルの大学に受かる学力があるのなら、そこから早慶や旧帝大系の国立大学に受かるために必要な勉強時間は、全く一から勉強する場合に比べてより少なくなります。

私の運営する「アクシブアカデミー」のサイトには、大学レベルに合わせたおすすめの参考書と、その参考書の勉強にかかる時間の目安を記載していますので、ぜひ参考にしてください。

どれだけの勉強時間を確保できるのかを計算する

合格に必要な勉強時間を把握したら、続いて志望大学の出題教科・科目に絞って実際の勉強に充てられる時間を割り出してみます。

まず、高校3年生の4月から受験日まで、家庭で学習可能な1日あたりの時間数は、平均で平日が6時間、土日が12時間と考えることができます。すると、平日と土日の学習可能時間の合計は2292時間※になります。

※54時間／週〈1日6時間×平日5日間＋1日12時間×土日2日間〉×4週×9カ月〈12月末まで〉＋夏30日間×6時間＋冬10日間×6時間＋1月の2週間〈54時間×2〉。夏休みは40日間として平日30日間、冬休みは14日間として平日10日間が6時間増えたものとして計算。

この時間がそのますべて志望大学の入試で出題される教科・科目に絞った勉強に使えるわけではありません。そのことを、国公立大学の文系を志望した場合を例にして詳しくみていきましょう。

大学受験では、入試対策として過去問や予想問題を解く時間が必要になります。具体的には、①共通テスト、②2次試験、③私立併願校それぞれの過去問が対象です。それぞれに費やす時間を次のように仮定してみます。

①共通テスト：270時間（20回分。英語、数学、国語は復習や暗記まで含め1回各2・5時間、理科または社会を2教科として1回各2時間で計算した場合）。

②2次試験：30時間（5年分の過去問の勉強に、英語、数学、国語について合計6時間を充てると考えた場合）。

③私立併願校：60時間（5つの大学の2年分の過去問。英語、国語、社会について合計6時間を充てると考えた場合）。

これら①から③の時間をすべて合わせると360時間に及びます。

さらに、高校生活で必要となる時間も考慮しなければなりません。主なものとしては、④部活の時間、⑤定期テストの勉強時間、⑥学校の宿題に要する時間、⑦模試の時間があげられます。それぞれに費やされる時間はおおむね次のようになります。

④部活の時間：216時間（5月末に引退〈8週間〉。平日で3時間、土日6時間と考えた場合）。

⑤定期テストの勉強時間：216時間（定期テストが4回で期間が延べ2週間、勉強時間が平日3時間、土日6時間と考えた場合）。

⑥学校の宿題に要する時間：266時間（夏休み等を除いて延べ38週間で1日1時間を費やすと考えた場合）。

⑦模試の時間：180時間（延べ15日間で、復習もしっかり行う〈1回12時間〉と考えた場合）。

これら④から⑦を合計すると878時間になります。

先の360時間と合わせると1238時間です。これを平日と土日の学習可能時間の合計である２２９２時間から差し引くと１０５４時間になります。このように、高校３年生の４月から受験までの間に実際に志望大学の出題教科・科目に絞った勉強に充てられる時間は１０５４時間になることがわかります。

特に国公立を志望する場合には、勉強時間を英語、国語、数学、理科、社会の各科目に分散することが必要になるので、１科目に当てられる時間は少なくなります。

この計算はあくまでも高校３年生から受験勉強をスタートした場合を想定したものです。もし、２年生から始めるのであれば、使える時間は当然より多くなります。２年生の４月から３月まで、毎日１時間勉強すれば３６５時間を、毎日２時間勉強したら７３０時間を、毎日３時間勉強すれば１０９５時間をプラスできることになります。

さらに言えば、高校に入学してすぐの１年生の４月から勉強をスタートすれば、これらのプラスできる数字を最大で２倍に増やすことができるでしょう。そしてもちろん、このように勉強時間が増えれば増えるほど、合格の可能性はより高まります。

こうした受験勉強に使える時間に対する意識を、子どもにできるだけ早い時期からもたせることが、志望校合格を確実なものとするために、非常に重要になるわけです。

受験日まで「定期テスト前夜の集中力」で勉強する

E判定は、「あなたはこのままでは合格の可能性が低いです」と言われているのと同じです。裏を返せば「今の勉強の方法では常識で考えると合格が難しい」という意味で、その状態から挽回するためには〝非常識なやり方〟を実行する必要があります。偏差値が50であれば周りの人と同じことをしていては、いつまでたっても偏差値50のままです。偏差値65の大学をめざすのであれば、勉強の環境もやり方も勉強時間も根底から変えなければなりません。

第一に伝えたいのは、集中力の重要性です。

予備校で指導しているときに、私が強く感じるのは、集中力を発揮するのが苦手な生徒が実に多いということです。勉強では、単純な暗記の作業のように「覚えていないものを覚えていく」「頭に負荷をかけていく」ことが必要になります。その際には、どれだけ集中力を働かせられるかが重要になります。たとえば部活の試合の前に、「よしここが勝負どころだ！」と気合を入れたり、定期テストの前には「今まで勉強してきた力を存分に発揮するぞ！」と心の底から気持ちを入れたりするはずです。

本番直前の集中力は、普段勉強をしているときの集中力をはるかに上回っています。そうした本番直前の集中力を、日ごろの勉強でも発揮するのです。より具体的に言えば「定期テストの前夜の集中力」を普段から出すということです。

本気で集中した後は、運動をした後のような疲労感になっているはずです。もし勉強を長時間やっても疲れていない場合は、時間を意識せずにダラダラと勉強していたり、集中力が足りなかったりしている可能性が高いです。その場合は、「何時までにここまで暗記して、テストをする」というように、時間制限と理解度を測るようにすると改善されます。

学校の授業でも、先生の話をただ聞き流すのではなく、その場で暗記してしまうぐらいの意識で授業中に復唱して覚える、あるいは類題に取り組むなどの工夫をして集中力を高めることが重要になります。

この集中力の改善によって、惰性で勉強をしている場合に比べて勉強の効率が上がり、短期間で次のレベルへと進むことができ、ひいてはより多くの学習時間の確保が可能になるはずです。

勉強時間を増やす学校の授業活用法

第二に、学校の授業の活用法についてです。具体的には、学校の授業を受験勉強の時間として活用することです。学校の授業の時間は、週にすると25時間以上になります（50分授業を1日6時限、週5日あるとした場合）。この学校の授業時間を受験勉強の時間に〝転用〟し、なおかつその質を高めることで合格の可能性を高めることができるのです。

学校の授業は集団授業です。そして集団授業という性質上、教師が意図するレベルの幅が必ず存在します。

たとえば、すでに共通テストの範囲を終えた高校3年生の文系数学の授業で、生徒の学力や目標を考慮し、次のような二つのクラスに分けるとします。

①1年生、2年生で学んだ公式の確認から始めて、さらに共通テストで平均点を確実に取れるような授業をする。

②1年生、2年生で学習した内容が十分に頭に入っていることを前提に、旧帝大2次試験レベルの大学に合格できるような授業をする。

教師は、①では「共通テストでいかに多くの生徒に平均点を取らせるか」、②では「いかに多くの生徒を難関大に合格させられるか」を考えて授業をします。そしてそれを実現するために、「どの教材を使用するか」や「過去問や予想問題などの演習をいつから開始するか」などについても考えます。

そのため、生徒にとっては、学校が意図しているレールに自分が乗ることができているかどうかが重要になります。より詳しく言うと「進度」と「目標」が、学校が求めているところに到達しているかどうかということになります。

ただ、学校の授業を受験勉強に活用するとしても、そもそも子どもが授業についていけていないケースも考えられます。その原因は、「授業の進度に追いついていない」または、「授業のレベルと目標とする大学のレベルの間にずれがある」のどちらかになります。

これらの原因を踏まえて考えられる具体的な解決策は次のようになります。

1 授業の進度に追いついていない場合

たとえば、まだ基礎的な数学の公式が頭に入っていない状態で学校の授業を受けているとしましょう。その状態で、授業が入試問題の過去問演習に進んだ場合、現在の子どもの学力と授業の進度に大きな乖離(かいり)が生じることになります。

この場合、子どもは授業を聞いていても全然理解できない状況になっています。こうした状況に陥った子どもは「学校から出される予習の宿題が多すぎて、受験勉強の時間が取れない」と言うことがあります。

子どもの立場からすれば、問題も解けない、解説を聞いても理解できない、ただ時間を無駄にし、「自分は勉強ができない」とネガティブな気持ちになってしまう、得られるものがあまりない状態です。

この状態を改善するためには、まずは時間を確保し、進度を速めて授業に追いつく必要があります。1、2カ月間、短期集中の形でその科目の勉強に取り組むことを子どもにすすめましょう。どうしても時間がない場合は、授業に追いつくまでの間、授業の予習を友だちに見せてもらうなど、時間を確保するための工夫をする必要があります。

もちろん、過去問の演習は非常に大切です。しかし学力が追いついていない状態でやるよりも、**基礎をしっかり習得してから演習に取り組むほうが、力がつきます。**

逆に言えば、この段階で学力が学校の授業に追いつくと、家で必死に演習を積まなくても、学校で行われる過去問演習によって受験勉強の効率は自然に上がっていきます。

2 授業のレベルと目標とする大学のレベルの間にずれがある場合

たとえば、子どもが国公立大学を志望しており、数学が出題されるのは共通テストのみだとします。にもかかわらず、学校の授業では旧帝大レベルの2次試験の過去問演習を行っているような場合です。

このような場合、**1**と同様、宿題で時間を使うのは効率的ではありません。そこまでのレベルを必要としないのに、過度に時間を使うべきではないのです。**共通テストを解く上で役立つ問題だけを解き、それ以外は思い切って捨てることも検討しましょう。**難易度の高い問題を解くことで、目標とするレベルの問題が解けるようになることも十分にあるため、授業が無駄ということではありません。時間が無限であれば、もちろんすべての課題に対して努力すべきですが、時間が足りない状態では、一にも二にも効率を重視しなければ合格はできません。

理科と社会が初めて出される模試は好成績を狙えるチャンス

時間を効率的に使うという意味では、「模試と定期テストを受験にどのように役立てていくのか」という視点をもつことも求められるでしょう。

先に触れたように、受験生としての1年間だけで、模試に180時間、定期テストに216時間という膨大な時間を費やすことになるのですから、それらを最大限に受験勉強に活用する意識をもつことが非常に重要になります。

まず、模試に関しては、高校2年の11月までは出題教科が英語と国語と数学の3つに限られています。つまり、理科と社会は高校2年の11月以降に初めて出題教科となるわけです。

この理科と社会が初めて出題される模試ではぜひ、子どもに好成績を狙わせてください。理科と社会が初めて模試に出される段階では、試験範囲は広くないので覚えるべきことはさほど多くありません。しかも、その時点ではまだ勉強をしていない人も多いはずです。そのため、これまで学校の定期テストで出題されてきた内容を復習するだけでも他の受験生より高得点、つまりは高い偏差値を得ることができるのです。

もし11月までに理科と社会で苦手な範囲があったとしても、この模試の勉強が復習になり、理科と社会をひと通り学習したことになります。それ以降も、**学校の定期テストのたびにしっかりと勉強し、模試でその復習をするというサイクルを繰り返していけば、高い偏差値を維持しやすくなるのです。**それまで英語、数学、国語の偏差値が45付近の生徒でも、社会や理科で偏差値65オーバーを取るのは不可能ではありません。

図表5－1は、実際にこの時期に社会を中心に対策した生徒の模試の結果です。文系の国公立大学を受験する場合、このように社会や理科の偏差値を取ることで、英語、数学、

図表5−1　社会を中心に偏差値の平均を上げた場合

科目	英語	数学	国語	理科基礎	世界史	現代社会	総合	私文
偏差値	46.7	45.6	48.7	52.9	70.5	69.0	51.0	56.6

国語の偏差値がすべて45付近だったとしても、文系総合や私立文系の数値が底上げされます。

偏差値の高い科目が増えたことや、理科と社会を重点的に勉強して成果が出せたという成功体験から、**「やればできる。さらに他の科目もがんばろう」と、勉強に対するモチベーションが上がることも期待できます。**

高校2年の段階ではすべての科目で高い点数を狙う必要はありません。大学受験の当日に、総合して合格できるレベルに達していればよいのであり、「今回は◯◯の科目で高得点をとる」と特定の科目に絞って模試を活用することも受験戦略上は必要です。

1年生の定期テストで英語と古文、数学の基礎をじっかりとおさえる

次に、定期テストを受験に最大限に役立てるためのポイントについて触れておきましょう。定期テストに関しては、まず高校1年生のときからの英語と古文、数学に対する勉強の取り組みが大切になります。

英語と古文は、1年生の段階でそれぞれ英文法、古典文法など最も基礎となる知識を学び、定期テストでもそれらに関する問題が出題されます。また、数学もほぼ同様です。

そして2年生からは、そうした基礎的な知識を土台として、演習を行っていきます。1年生での勉強が不十分な生徒は、基礎的な知識が身についていないままそのような応用的な問題に取り組まなければならなくなり、2年生以降の模試で英語、数学、国語で偏差値を上げるためには復習に時間を使うことになります。そうしなければ、定期テストにも十分に対応することが難しくなるはずです。

したがって、子どもに対しては高校1年の段階で特に英語と古文、数学をしっかりと勉強するように促すことが重要です。

これらの科目において、もしわからない箇所があれば、教科書の内容をより噛み砕いて

解説した参考書を利用する、あるいは映像授業アプリなどを使って学習の補強を図るなどするとよいでしょう。

塾・予備校には4つのタイプがあることを知る

模試や定期テストを受けるなかで、塾や予備校に頼らず独学で勉強をしてきた子どもが、「もっと成績を上げるために、やはり塾・予備校に通おうか」などと考えることもあります。実際、塾・予備校に通い始めたことがきっかけとなって、成績が劇的に上がるケースは少なくありません。もっとも、塾・予備校は数多くあるため、いざその利用を考えたときに、どれを選べばよいのか思い悩むことになる人も多いはずです。

そこで、塾・予備校を選ぶ際に気をつけておきたいポイントや注意点などについても触れておきましょう。塾・予備校は次のように大きく4つの種類に分けることができます。

①集団授業型
②映像授業型
③個別授業型
④学習管理型

①は、一人の講師が多数の生徒を相手に講義を行う集団型の塾・予備校です。特に大手予備校で見られるタイプで、かつてはこのタイプが塾・予備校の主流でした。浪人生が通うことを想定し、ターミナル駅に、いわゆる〝カリスマ講師〟が大学の講堂のような広い教室で、複数人の生徒を前に講義形式で授業を行っているケースが多くあります。ときには100人規模の生徒に教えることも珍しくありません。

②は、講義を映像化してインターネット等を通じて配信し、所定の教室などで生徒に受講させます。今ではこの映像授業型予備校が主流になっており、集団授業型の塾・予備校のカリスマ講師の授業を地方でもいつでも受講できるようになっています。ただし、なかには大学受験に関する専門的な知識がなく、映像教材を流しているだけという塾・予備校もあるので注意が必要です。

③は、講師と生徒が1対1、もしくは2、3人という少数の生徒に対して指導を行うタイプになります。集団授業型では難しい、個々人の学習レベルに応じた指導を受けることができます。ただし、講師が大学生のアルバイトであることが多く、その学生に任せきりになっていることも少なくありません。受験対策も学生の経験に偏っているおそれがあります。

④は、授業をすることよりもむしろ、受験に関する戦略を伝えたり、勉強の進捗状況等

図表5−2 塾・予備校のタイプごとのメリットとデメリット

	メリット	デメリット
① 集団授業型	・設定されたルートに乗ることができれば合格に近づける。 ・臨場感があり、また同じ塾・予備校に通っている他の生徒との成績・学力の比較をしやすく、モチベーション向上の効果を得やすい。	・ターミナル駅と呼ばれるような大きな駅のある街にしかないことが多い。 ・大教室で大人数の講義が多いため質問がしづらい。 ・速習ができない。 ・授業の時間が決まっているので、その時間に塾に行かないと授業が受けられない。
② 映像授業型	・授業を生徒それぞれのペースで受けることができる。 ・地方でも展開されており、通いやすい。 ・速習や復習も可能で、授業を多く受けることができる。	・臨場感はないので、モチベーションが上がりにくい。 ・映像を見ているだけの受け身の生徒には向かない。 ・質問がしづらい。 ・基本的に映像授業のみで完結し、その他の参考書やカリキュラムは立てられない。
③ 個別授業型	・質問しやすい。 ・その子のレベル・課題解決につながる個別の指導をしてもらえる。	・学生が指導する場合が多い。特に地方では学生のレベルに差があり、難関大への対応が期待できない可能性がある。また、指導が学生の経験頼りになる。 ・自習室が小・中学生と共用の場合うるさいことがある。
④ 学習管理型	・授業だけでなく、家庭における勉強時間の確保や時間管理のサポート、受験に合格するために行うべきことに関する提案が得られる。	・学生講師が対応する場合があり、個別授業型と同様のデメリットが生まれやすい。

をチェックしたりして問題があれば改善案をアドバイスするなど、生徒の勉強をマネージメントすることに指導の主眼を置いています。授業そのものよりも、結果を出すことを重視しているいわばパーソナルトレーニングの塾・予備校バージョンといったところです。講師が大学生のアルバイトであることが多いことから、③の個別授業型と同様のデメリットが生じやすいという点で注意が必要です。

ちなみに、私が運営している予備校もこの学習管理型になります。学習管理型によくみられるデメリットをなくすために、目的を明確にし、勉強時間を増やし、戦略をもって実行していくことを重視しています。まず、プロコーチが生徒の状況を把握して計画を立て、厳しい採用基準を突破し長時間の研修を受けた学生トレーナーと共に、教務本部の分析を基に生徒を指導していきます。生徒1人に対して3人体制でフォローすることで、計画倒れや進捗の遅れを回避するように工夫しています。

合格に導くという点で、特にこだわっているのが一般的な科目を選択する指導ではなく、全員全科目を指導するスタイルをとっている点です。大学の魅力を伝えながら生徒のモチベーションを上げるという現役学生ならではの指導と、プロフェッショナルによる管理・分析を合わせることで、着実に志望校合格をめざしています。

これら4つのタイプに、新しく低価格のアプリの授業や YouTube での無料授業が出始め、その質もどんどん上がっています。参考書にも映像授業がつくようになってきました。以前よりも授業が低価格に、より身近になってきて、積極的に活用できれば学力を上げることのできる環境が整ってきています（その反面、スマホなどに時間を取られるようになってしまったというのはこれまで述べてきた通りです）。

せっかく良いものがあっても、自分に合わせた使い方ができていなかったり、勉強をやりきれなかったりすれば、結果を出すことはできません。これら塾・予備校のタイプごとのメリット・デメリットを踏まえて、子どもに最も合うものを選ぶとよいでしょう。

いい塾・予備校を見分けるための3つの質問

4つのタイプのうちどれが子どもに適しているのかを見定めて、そのなかからさらに絞って入るべき塾・予備校を選びます。検討の際には、次のような内容を塾・予備校に対して質問してみるとよいでしょう。

①合格させる自信があるかどうかを尋ねる

「無理です」などと断言されたら、そのような塾・予備校に通わせても仕方がありません。ただし、高校3年生の時点で偏差値40の子どもが東京大学を志望しても、ほとんどの塾・予備校が「無理です」と言うはずです。「可能です」と言うようなところは、それはそれで怪しいので、具体案を確認し、本当に信頼できるかどうかをしっかりと確認したほうがよいでしょう。

②方針を確認する

生徒への指導に関して、確固たる方針のない塾・予備校は、教え方が行き当たりばったりになるおそれがあり、期待する成果は得られないでしょう。

どの教材を使うのかなど授業に関する細かな方針は塾・予備校によって異なります。この点に関しては、専門家である塾・予備校の方針を信じて任せてしまってよいでしょう。

③どのような形で結果を出してくれるのかを聞く

「いつまでに、どの程度の偏差値まで上げてくれるのか」というように、具体的な形で確認しましょう。

なお、塾・予備校に入った後に、予定していた結果が出ないようであれば、今後、どのように改善を図るのかを示してもらいましょう。その回答次第では、別の塾・予備校に変えることも検討しなければなりません。

これら①から③の他に、受験校選びのサポートなど、進路のフォローも行ってくれるのかどうかも確認するとよいでしょう。

受験校選定については、塾・予備校・学校は基本的には受け身で、生徒が出してくる志望校に対してアドバイスをするというスタンスです。しかし私は**この受験校の選択こそ、プロの視点が必要だと考えています。**受験校選びは受験方式や配点、傾向、倍率、本人の学力との比較、受験日程などの検討が必要で、なかなか骨の折れる作業です。

私は受験校選びの戦略を「合格への起爆剤」と呼び、多くの時間を充てています。同じ学力でも戦略の良し悪しで合否が分かれるのです。

また、子どもが家では勉強に集中できないタイプの場合は、先に述べたように、外に勉強できる環境を確保することが必要となります。この場合は、塾・予備校に自習室があるかどうかも確認しておくことをおすすめします。

親も塾・予備校の利用者である意識をもつ

塾・予備校に入れた場合、子どもはもちろんですが、親もまたその利用者であるという意識をもつことが必要です。**受験の制度や大学選びなどについてわからないことがあれ**

ば、質問したり、相談したり、アドバイスを求めるなど、親も塾・予備校を積極的に利用するようにしましょう。

親のなかには塾・予備校はあくまでも子どもが通うところであり、親はあまり関わるべきではないと思っているのか、気になることや聞きたいことがあっても何も言わない人もいます。

しかし、入学金や毎月の授業料などの名目で、数十万円あるいは数百万円単位の決して安くはないお金を支払うのですから、払った費用分は使い倒すぐらいの気持ちをもつことが必要です。

塾・予備校の利用に関してもう一つおすすめしたいのは、「家でしっかりと勉強をしているのか」「最近悩んでいることはないか」などといった家庭内における子どもの勉強や生活に関する情報を、できるだけ伝えておくことです。

私も、特に子どもに関して気掛かりなこと、不安なことなどがあれば、教えてほしいと受験生の親にお願いしています。

マイナス面も含めた情報を家庭と塾・予備校とで共有し、連携することで、子どもの状況に応じたベストな指導を行うことが可能になるでしょう。

塾・予備校は基本的に子どもの味方です。安心して、ためらうことなくいつでもどんどん頼ってください。

学力が高い人と低い人との差は「才能」ではなく「工夫」

この章では効率的な学習のためのさまざまな「工夫」について解説してきましたが、受験で成功するためには「常に考えること」が重要です。受験校の選択、志望校への戦略、勉強時間の増やし方、教材の取り組み方、勉強方法など、目標が決まってからは、それを達成するための手段を考え、実行していきます。

大学受験は「勉強時間の確保＋分析・計画・実行」の繰り返しです。ただ問題を解く、ただ暗記するだけでなく、有限な時間のなかで、短期間で知識量を増やし、合格のためのさまざまな工夫が必要になります。志望校合格のためにとても重要なことではありますが、残念なことにこれらのことを考慮に入れて受験に向き合っている人はあまり多くはありません。

実際に、「自分は頭が悪いからできない」「要領が悪い」と言う人が多くいます。また、「あいつは特別だ」「自分とあの子は頭の構造が違う」など、できないことを能力のせいにして、自分ではどうにもできないものととらえている人がいます。確かに才能の差もあるでしょう。しかし、今の学力が高い人と低い人との差は何かというと、私は「知識の蓄積量」と「工夫の仕方」の違いであるととらえています。

職業柄、東京大学をはじめ多くの難関校の学生と話をしますが、皆やはり何かしらの工夫をしています。しかも何度も試行錯誤し、自分の勝ちパターンを見つけています。また、難関校に合格する生徒の共通点として、科目の内容に関する質問よりも、戦略や勉強法についての質問が多い傾向にあると感じます。

常によりよい方法を考えて時間感覚をもつことは、才能などではなく、トレーニングで養っていけます。もし子どもがE判定、D判定であれば、常に考え、工夫することを意識させてください。まだ自分の力を出し切っていないはずです。まずは考え方を変えることから始めてください。学力は努力で変えられるものです。

POINT 6

フォローアップ

心の変化に合わせた受験生への接し方

POINT4では、子どもが受験勉強を始めた、初期の段階でモチベーションを維持するための対策について解説しました。

高校1年、2年と何の問題もなく勉強を進めてきたような子どもでも、3年生になり受験が近づくにつれ不安や焦りが生じ、モチベーションを持続することが難しくなることがあります。特に夏休みを過ぎたころから精神的に不安定になるケースはよくあり、子どもの心の変化に気を配ることが重要です。

なかには、勉強が全く手につかなくなり、最悪の場合には「受験をしない」と言い出す子どもも出てきます。

そうした気持ちの変化が起こるのはなぜなのか、また、受験直前の時期にはどのような問題が出てくるのか――その具体的な中身を取り上げながら、受験本番に向けて親にできる最後のフォローを紹介します。

焦りと不安へ、受験生の気持ちは変化していく

受験が近づくにつれて、受験生の心のなかでは焦りや不安が大きくなってきます。そうした気持ちの変化を受け止めてやわらげてあげる、心を落ち着かせてあげることが、受験生をもつ親御さんには求められます。

では、心身ともにベストな状態で試験日を迎えるために、どのような心構えや配慮をもって受験生に接すればよいのでしょうか。

まず受験生の気持ちは、成績によって、とりわけ合格可能性の判断材料となる模試の点数によって大きく左右されます。

受験生の多くが勉強を始めたばかりのころは、やる気に満ちていますし、悩みも不安もあまりありません。挽回が可能の時期には、余計な不安や焦りといったネガティブな気持ちは湧いてこないものです。そして努力したことで自信を得た子どもは、何の憂いも悩みもないまま受験の日を迎えます。

しかし、勉強してもなかなか成績に結びつかない子ども、思うように模試の点数がとれない子どもは、しだいに心の中に不安や焦りといったネガティブな気持ちが生まれ始めます。

「模試を受けたくない」と投げ出してしまう子どもも

模試で思うように結果が出ない状態が続くと、模試の点数や偏差値の開示を拒否したり、模試や志望校の話になると不機嫌になったりする子どもも出てきます。「もういやだ、これ以上模試を受けたくない」などと言い出す受験生もいます。

特に3年生に、そうした拒否反応を示す傾向がみられます。

確かに受験が近づくにつれて模試の数は多くなり、ひと月で2回受けるようなこともあります。模試を受けることがつらくなることもあるでしょう。

子どもがそうした〝模試疲れ〟を感じているようであれば、受ける回数を減らすようすすめてみてもよいでしょう。受験すると決めていた模試を休むと癖になることもあるのでよくありませんが、回数を減らしてみることで、またやる気を取り戻すこともあります。

しかし、それでも模試に対する拒絶感がなくならないようであれば状況はより深刻です。「やっても結果が出ないからやりたくない」と完全に自信を失ってしまっている可能性があります。特に3年生の秋以降は、模試の判定や過去問の点数と、受験までの残り時間を考えることで、志望校に合格できそうかどうかがわかるようになってきます。現実的に志望校に合格するのは難しいとわかったときのダメージは、受験生にとって非常に大きなものです。知識を入れ始め、成長を実感できた初期と異なり、復習の時間が多くなって成長が鈍化し、苦しくなるのも夏休み後くらいからです。

最悪の場合、勉強をやめて高校にも行かなくなり、大学受験を放棄するおそれもあります。

私が受験生から受ける相談も、多くが成績に関するものです。しかしこればかりは、勉強の手を止めて悩んでいても改善されることはありません。むしろ悪化し続けます。**試行錯誤しながらでも勉強を続けて、成績を上げることでしか解決できない問題です。**

解決策があるとすれば、得意な科目を使って勝負できる大学に変更するか、勉強のやり方を改善するかです。

この時期に成績が上がらないという問題に直面した場合は、自力で解決するよりも、知識をもっている人や塾・予備校に、打開策を聞くのがよいでしょう。今までの学習状況を正確に把握し、幅広い知識から解決策を模索する必要があるからです。

とにかくどこかの大学を受けさせることが大事

万が一、子どもが受験に対して後ろ向きの状態に陥って、「大学を受けたくない」などと言い出したら、どのように対処するのが望ましいのでしょうか。

「来年になれば気が変わって、また勉強を始めるかもしれない」と考えて、今年の受験は思いきって諦めて〝浪人〟という選択肢を検討する人もいるでしょう。

しかし、来年の受験までに自信を取り戻せるかどうかは誰にもわかりません。そして来年もその次の年も、立ち直れないような状況が続くこともありえます。

もちろん高い目標に向かって努力を続けることは悪いことではありませんが、精神的に追い詰められてしまっては、その後の人生にも影響するおそれも出てきます。浪人にはそうしたリスクも潜んでいるのです。

子どもは受験勉強を続けることに不安を感じて耐えられなくなっているのですから、長引かせることなく、その年で区切りをつける必要があります。要するに、とりあえずどこでもいいから必ず受かりそうな大学を受験させてしまうということです。

3年生まで勉強をがんばってきたのなら、志望していた大学は難しいとしても、どこかしらの大学には合格できる学力がすでに身に付いているはずです。たとえば偏差値60以上の大学をめざしていたのなら、50台の大学に合格できるだけの実力は十分備わっていることでしょう。

大学に合格さえすれば、もうそれ以上受験勉強をしなくてすむのですから、子どもの心を苦しめる不安や悩みの原因は解消されることになります。

編入や大学院進学で、〝志望校に入る〟という方法も

なかには、「合格できる大学を受けよう」とすすめても、「○○大学以外には行く気はない」などと拒否する子どももいます。特に志望大学に対する思いがことのほか強い場合には、全く聞く耳をもってくれないこともあります。

しかし、別の大学に進んだとしても、やり方次第で志望校に入学できる方法はまだあります。

その一つが「編入」です。

編入とは、大学在学者等が別の4年制大学の2年生や3年生として入学することを認める制度です。たとえばA大学に入学したあと、2年生や3年生になる段階で、B大学に編

入という形で途中から入学することができるのです。

この編入の制度を使えば、志望大学に後から入り直すことができるわけです。その際、編入学試験を課されることになりますが、しっかりと対策をすれば、上位校・難関校であっても合格は十分可能でしょう。

編入学試験の形式はさまざまです。経済学などの専門科目と英語、専門科目と小論文といったものやTOEICの点数の提出が求められるケースもあります。国公立大学、私立大学問わず、いずれも通常の受験と比較して受験科目が少ない点や、受験日が異なるため国公立でも複数受験が可能などのメリットがあります。諦めきれない志望校がある場合には、ぜひ検討してほしい選択肢の一つです。

その他、大学を卒業後に本来志望していた大学の大学院へ進学するという方法があります。大学院に進学するためには院試という入学試験に合格することが必要ですが、科目数や得意不得意を考えると、大学（大学院）によっては大学入試よりも院試のほうが入りやすいことも珍しくありません。将来的に大学院で学ぶことを視野に入れているような受験生は、検討する価値があります。

編入や大学院進学によって、大学入試では果たせなかった夢を後から実現することは十分可能です。未来への希望を抱かせる選択肢があることを知れば、「とりあえず今は入れる大学に進もう」と、納得して前進することができるでしょう。

また、その大学に入学すること自体が目標なのか、就職やそれ以外の理由があるのかなど、もう一度目標や自分の価値観を整理することも必要です。場合によっては、志望校に入学することだけではなく、ほかにも目標を達成することのできる手段があるかもしれません。選択肢を提示し、問題から解放してあげることもときには必要です。

勉強と無関係な会話で子どもの気持ちを明るくする

大学受験が子どもの心にもたらすプレッシャーは非常に大きく、決して軽くみてはいけません。最悪の場合には受験に悩み苦しみ、うつ病のような状態に陥って心療内科に通うような子どももいます。

そのような事態を防ぐためには、子どもの不安や苦しみや異変に少しでも早く気づき、対策していくことが親としての役割といってよいでしょう。

特に注意してほしい時期が、3年生の夏休み明けです。

夏休み前までは「受験までまだ時間がある」と思っていたような子どもも、秋口ぐらいになると「気づいたら受験まで半年を切っている！」と、残された時間を強く意識するようになります。それに伴い、理想と現実のギャップを否応なく突きつけられる子どもも出てくるのです。

この時期になると、受験生の多くは志望校の過去問演習に取り組み始めています。何回解いても合格点に到達しないような場合には、焦りや不安といったマイナスの気持ちを強く抱いたり、落ち込んだりすることも珍しくありません。

そうした子どもの落ち込んだ気持ちを回復させ、やる気を失わせないためにも、親のほうから意識して声をかけて、密にコミュニケーションをとる必要があります。その際には、ぜひ子どもの気持ちが明るくなるような話、楽しくなるような話を心がけてください。たとえば家族旅行の思い出でもいいでしょうし、子どもが好きなことを話題にしてもよいでしょう。

受験が近づくと、受験生はみな勉強以外のことを全く考えられなくなり、常に心が張りつめています。そうした勉強とは無関係な話をして、少しでもほっとできる時間をつくってあげることも大切です。

夏休み明けの〝中だるみ〟を防ぐ二つの方法

順調に勉強が進んでいて、精神的に問題がない場合にも、夏休み明けの〝中だるみ〟には注意が必要です。受験生の一部には、3年生の秋口ごろに勉強時間の減少やモチベーションの低下がみられることがあるからです。

多くの3年生は、「1年生、2年生のときのように、さすがに遊んではいられない」と夏休みにはモチベーションを上げて受験勉強に全力を注ぐようになります。すると、夏が終わるころにどうしても疲れが出始めます。その結果、「もうこの程度やれば大丈夫だろう」とつい気が緩み、勉強をやる気が薄れてしまう子どもも出てくるわけです。

しかし、受験まであと数カ月の時期に、こうした〝中だるみ〟の状態が続くことは、決して好ましいことではありません。もし子どもにそのような様子がみられるようであれば、親としては何らかの形で〝刺激〟を与えることが必要となるでしょう。

たとえば、志望大学に行ってくるよう、促すのも一つの手です。

おそらく、オープンキャンパスが行われた際などにすでに一度は訪れているでしょうが、モチベーションの維持・向上を図るという観点から、志望大学には何度でも足を運ぶべきだと私は考えています。キャンパスに足を運ぶたびに「よし、この大学に絶対入るぞ」という思いが新たになり、受験意欲が強く喚起されることが期待できるからです。

またもう一つ別の中だるみ対策として、併願校のうちの一つを公募制で受験することも

考えられます。先に触れたように、公募制の入試は一般に11月ごろに行われます。公募制を受ける場合は、夏休みが終わった後も、その準備等に追われることになります。つまり、秋になって「なんだか勉強に疲れたなあ」などと気が緩む暇がなくなるわけです。公募制が終われば共通テストや私大の一般選抜まではもう2、3カ月しかないので、そのままの緊張感で試験に臨むことになります。

このように、あえて公募制を組み入れることで中だるみを防ぐことができるのです。

志望校を変える前に、これまでの勉強の取り組みを見直してみる

夏を過ぎたころになると、模試の点数が思うように伸びない受験生の間では志望校を見直す動きも現れ始めます。子どもが志望校を変えるべきか、初志貫徹するべきかを悩んでいたとしたら、どのようなアドバイスをすればよいのでしょうか。

成績が伸び悩んでいる原因が不得意教科であれば、他の教科で挽回する方法もあります。たとえば、数学が苦手でどうしても70点以上取ることができないのなら、毎回コンスタントに80点前後を取れている英語の勉強により力を入れて、90点以上をめざすことで全体の点数の底上げを図るという戦略が考えられるでしょう。受験する大学の配点を意識し

て、配点の高い科目に比重を置くとより効果が発揮されます。

また、それまで過去問の演習をしていなかった、もしくは十分にしてこなかったのであれば、その演習を徹底的に行うことによって、点数が1割から2割伸びることはよくあります。実践的なアウトプットに集中して取り組むことによって、問題を解くコツがおのずと会得できるためです。

このように、**今までの勉強への取り組み方を見直してみることによって、点数を伸ばす余地は十分にあります。**志望校を変えることを決めるのは、そうした改善の試みを行ってからでも決して遅くはありません。

やむを得ず志望校を変更するときは全面的に肯定する

一方で、改善策を講じても点数を伸ばすことが難しく、志望校変更を決断せざるを得ないこともあります。しかし、そのときに、どうしても志望校変更の踏ん切りがつかず、ためらい続ける子どももいるでしょう。

特に、上位校・難関校を狙っているような、勉強に自信のあるタイプの受験生にはそのような傾向がみられます。さらに言えば、志望校を変えることで「親の期待に応えられなかった」と罪悪感をもったり、「周りからどう思われるだろう」という恥ずかしさ、「負けたような気持ちになる」といった負の感情を抱いたりすると、それが要因となって、受験に対するモチベーションが一気に低下してしまうおそれがあります。

モチベーションを下げないためには、親が「今まで一生懸命がんばってきたのだから、何も恥ずかしがることはない。罪悪感をもつこともない」などと伝えて、志望校の変更を全面的に肯定してあげることが必要です。

肯定する際には、「○○の施設が充実しているらしいよ！　あなたに合っているね」などとその大学の良いところや魅力的なところを調べて教えてあげる、大学の資料に興味をもって一緒に見るなどして、「親も志望校の変更に賛同している」という姿勢をぜひ示してあげてください。そうした親の言動があるだけで、子どもは「よし、それなら変えよう」と志望校を変更することに前向きな気持ちになれるものです。

特に国公立大学の場合には、共通テストや2次試験の科目や配点で大きく戦略が異なることを先に述べました。したがって、**なるべく早いうちに、「合格可能性が○%に届かない場合には、○○大学に変更しよう」「○○の科目ができなかったら、○○大学に切り替えよう」などと、他の志望校を候補として想定しておくのが理想的です。**

「○○レベルの大学を滑り止めとして考える」「国公立でも○○大しか行けないのなら、

私立の××大に行く」などという検討を前もって行っておくことで、志望校をスムーズに切り替えることができます。

滑り止めはどんな状況でも絶対に合格できるところを選ぶ

行きたい大学が明確に決まっている子どものなかには、「この大学よりも偏差値の低い大学には行かない」と、自分の実力よりも高いところばかりを受験する子どももいます。

確かに高い目標を掲げてストイックに努力すること自体は悪いことではありません。しかし、多くの受験生を見てきてはっきりと言えることは、**どこでもいいから確実に合格できるところを必ず用意して受験に臨むほうがよい**ということです。

たとえ、「志望校以外の大学に行くつもりはない」と思っていても、受験の最後の時期になると、〝終わり〟を意識するようになっていきます。終わりが見えた状態での追い込みは、想像以上に精神的に疲れるものです。

「納得がいかない大学しか合格できなかったら浪人する」と決めていれば努力できると思いますが、どこにも合格できずにネガティブな気持ちで浪人をするとなると、翌年も結果が出ない可能性があります。

浪人したら必ず現役よりもいい大学に行けるという保証はありません。一つだけでも合格しておくことで、もう1年がんばるか、大学に進むかの選択ができます。

それでも「受かったらその大学に行かないといけなくなる」と滑り止めをつくることを渋る子どももいるでしょう。それでも「行くか行かないかは後で決めればいいから」などと言って、受験を約束させるべきです。

1校でも受かっていれば、そこから先の受験は気持ちがだいぶ楽になるはずです。受かっているところがなければ、「このまますべて落ちてしまうかもしれない」という不安が募り、そのために本来の実力を発揮できなくなる危険があるでしょう。そうした意味では、受かった大学がいわば〝お守り代わり〟になるといえます。

レベル分けと4つの型から攻める受験校の決め方

その際、「どこの大学を選ぶべきか」が問題となりますが、どんな状況でも絶対に合格できるところが一つの基準となります。たとえ風邪を引いて熱が出ているような状態で受験しても、確実に受かるようなところです。点数でいうと、最低合格点のプラス15%を確実に取れるような大学を選ぶとよいでしょう。

受験を意識し始める当初は、やりたいことや希望を前提に目標を定めてもよいですが、受験が迫ってくるにしたがって、明確に受験校を決める必要が出てきます。

特に私立大学の受験校の決定は、早ければ早いほど対策する上で有利になります。遅くとも12月中旬までには確定させておく必要があります。冬休み前に、出願に必要な調査書を用意しておかなければいけないからです。

受験校を検討する際に考慮するべき点は多くあります。以下の項目を確認しながら受験校を決定していくとよいでしょう。

・受験回数
・受験校のレベル分けと受験型
・学部学科重視か大学レベル重視か
・配点、倍率、問題傾向
・別方式の併願
・大学情報（キャンパスの場所、学費など）
・受験費用（受験料、入学金、入学金締切日など）
・受験順（入学金の支払いに注意）
・共通テストの点数次第で一般選抜の出願数を変動させるか

・中期・後期日程／共通テスト利用の後期日程はいつまでに決める必要があるか
・受験場所、移動日、宿泊日、宿泊先（遠方からの受験の場合）

このような点を考えるなかで、インターネットで検索しても明確な情報がなく、簡単に決定できないものが、「受験回数」と「受験校のレベル分けと受験型」です。受験を成功させるためには行きたい大学ばかりを選ぶのではなく、滑り止めや実力にあった大学を複数選ぶ必要があります。そのためには子どもの実力に合わせて受験検討校をレベル分けし、どのレベルの大学を何回受験したら合格できそうか検討していくことが必要になります。

まず受験校のレベル分けの方法を説明します。受験校の決定を難しくすることの一つが、受験校のレベルと子どもの学力との比較です。多くの受験生が模試の偏差値と大学の偏差値を照らし合わせながら志望校を見極めていくことになりますが、模試だけでは判断が難しいものですし、模試で一度も判定を出していない大学を検討することも多々あります。さらに、模試は「〇〇大模試」という大学に特化した模試でない限り、共通テストの問題に似せたマーク模試と、国公立2次試験を標準化した記述模試になります。そのため、独自の入試を実施しているような私立大学や国公立2次試験の問題の傾向と一致しないことがあります。

図表6−1　合格予測の分類表

レベル	合格確実校	実力相応校	挑戦校	希望校
合格可能性	80%以上	50〜70%	30〜40%	20%以下
模試目安	秋以降で A／B判定	秋以降で B／C判定	秋以降で D／E+判定	秋以降で E−判定
偏差値目安	+5以上	0〜+2.5	−2.5	−5以下
合格最低点達成率	80%以上 10回中8回 以上合格	50〜70%	30〜40%	20%以下
過去問得点率	合格最低点 +15%以上	合格最低点 +10%	合格最低点 0〜−10%	合格最低点 −15%以下

そこで、私は模試以外の判断材料も取り入れた分類表（図表6−1）を作成し、受験校を「合格確実校（滑り止め）」「実力相応校」「挑戦校」「希望校」というように、生徒に合わせてレベル分けしています。まずは受験を検討している大学の模試での判定や偏差値、過去問の得点等を整理していきます。表にある「合格最低点達成率」とは、合格最低点以上の得点をとれた確率を表し、「過去問得点率」は合格最低点よりも何パーセントくらい多く点数を獲得できたのかを表しています。より正確に合格できる確率を知るために、模試の判定だけに頼らず、過去問を解いた結果も事細かく見ていくことが重要になります。

実際に生徒指導をしていると、適当な合格確実校を自ら選定できる受験生は少数です。

大抵の場合、自分のレベルを一段高くみてしまう傾向にあるため、このような基準を設けて受験校を分類し、子どもにも冷静に検討させる必要があります。

ただし、過去問の結果を判断材料にする際に注意が必要なこともあります。たとえば、過去問には問題ごとの正確な配点が記載されていないことが多くあります。また、過去問や大学で発表されている合格最低点は科目間の得点調整後の点数であることが多いため、合格最低点を取っていても不合格になることもあります。

いずれにしても、実際の問題での得点率は大いに参考になるため、図表6－1（165ページ）のような基準で受験校のレベル分けをすることをおすすめしています。

たとえば、文系私立大学志望で、秋ごろの偏差値が60・0の場合、具体的にどのような志望校になり得るか、シミュレーションしたものが図表6－2です。

受験当日は緊張することが多いため、普段よりも時間が足りなかったり、点数が下がったりすることがあります。目安として、挑戦校は4回受けて1回受かるくらい、実力相応校は3回受けて1回受かるくらい、合格確実校は2回受けておけば確実、と考えておいたほうがよいでしょう。

次に検討してもらいたいのが、受験型と受験回数です。私は生徒の性格や受験への気持ちから受験型を大きく4パターンに分類しています。図表6－3（168ページ）では、

図表6―2　偏差値60.0の場合（秋時点）の志望校のシミュレーション
（私立大志望の場合）

レベル	合格確実校	実力相応校	挑戦校	希望校
偏差値60.0	55.0以下	57.5〜60.0	62.5	65.0以上
関東私立文系	成成明学 日東駒専	MARCH下位 成成明学上位 日東駒専上位	MARCH	早慶上理下位 MARCH上位
関西私立文系	産近甲龍	関関同立下位 産近甲龍上位	関関同立	関関同立上位

試験を10回、共通テスト利用を5回受験するとした場合の受験型別おすすめの受験回数のイメージを表しています。どの受験型でも子どもの気持ちを尊重しつつ、最低でも1校は合格するという割り振りにしています。

それぞれの受験型に対する受験校を選定する方針としては以下のようにしています。

①標準型：合格確実校と実力相応校の回数を確保しつつ、少しでも上位を狙う

②挑戦型：リスクはあっても実力相応校以上の回数を増やし、挑戦校を狙う

③堅実型：進学できるように、合格確実校と実力相応校の回数を増やし確実に合格する

④突進型：すべて不合格になっても、受験校は妥協せず挑戦校と希望校を狙う

どの受験型でも共通していることがなるべく合

図表6−3　レベル別　受験回数の例

一般を10回（同日も含め）、共通テストを5回受験することを想定した場合。
共通テスト利用で1つ合格を確保する。前出願で取れなかったら後出願で追加。

レベル	説明	合格確実校	実力相応校	挑戦校	希望校
標準型	合格確実校と実力相応校の回数を確保しつつ、少しでも上位を狙う	2 共通テスト2	5 共通テスト2	2 共通テスト1	1 共通テスト0
挑戦型	リスクはあっても実力相応校以上の回数を増やし、挑戦校を狙う	1 共通テスト2	4 共通テスト2	3 共通テスト1	2 共通テスト0
堅実型	進学できるように、合格確実校と実力相応校の回数を増やし確実に合格する	3 共通テスト3	6 共通テスト2	1 共通テスト0	0 共通テスト0
突進型	すべて不合格になっても、受験校は妥協せず挑戦校と希望校を狙う	0 共通テスト2	3 共通テスト2	4 共通テスト1	3 共通テスト0

格確実校の対策に時間をかけずに合格したいということです。

その一つの手段として、共通テスト利用は非常に有効です。国公立志願者だけでなく私立志願者も、共通テスト利用で一つ合格を確保することを考えておくと、受験を安心して進めることができるでしょう。受験料も安く、試験会場に行く労力も、合格確実校の独自問題の対策をする労力も必要がないという利点があります。また、共通テスト利用は共通テスト後に判定をみることができるので、私立の一般選抜よりも合否が読みやすいという利点もあります。

共通テスト利用は科目と配点をなるべく散らす

先ほど少し触れましたが、共通テスト利用は一般受験に比べて受験料が安く、一度の受験で複数の大学に出願が可能なため、私立受験においてもコストパフォーマンスのよい重要な受験方式になります。

この共通テスト利用の戦略次第で逆転合格することも不可能ではありません。**共通テスト利用は事前の準備で成否が大きく左右されます。** 国公立志願者も私立志願者も、文系も理系もよく理解していただきたいと思います。

たとえば文系で共通テストの模試・予想問題集・過去問などで図表6−4（170ページ）のような得点だったとします。その際に、どの大学に出願するべきでしょうか。

このように同じ点数でもどこに出願するかで得点率が大きく異なります。

ほかにも2科目しか使わない、国語が現代文＋古文だけ、現代文＋古文or現代文＋漢文などさまざまな配点や併用入試があります。

また、共通テストを成功させる鍵として押さえておきたいのが、緩急をつけて点数をと

図表6−4　私立大学で共通テスト利用の場合

■均等配点　　R: リーディング　L: リスニング　（点）

科目	英語		国語		世界史	合計
	リーディング	リスニング	現代文	古文・漢文		
配点	100	100	100	100	200	600
得点	85	75	90	60	150	460
得点率	85%	75%	90%	60%	75%	76.6%

■中央大学　商学部　共通テスト利用　英語・国語重視　R：L=4：1

科目	英語		国語		世界史	合計
	リーディング	リスニング	現代文	古文・漢文		
配点	160	40	100	100	100	500
得点	136	30	90	60	75	391
得点率	85%	75%	90%	60%	75%	78.2%

■法政大学　国際政治　共通テスト利用　英語重視　R：L=4：1　現代文受験

科目	英語		国語		世界史	合計
	リーディング	リスニング	現代文	古文・漢文		
配点	160	40	100	-	100	400
得点	136	30	90	-	75	331
得点率	85%	75%	90%	60%	75%	82.8%

■立命館大学　経済　共通テスト利用　均等配点　R重視　現代文受験

科目	英語		国語		世界史	合計
	リーディング	リスニング	現代文	古文・漢文		
配点	200	-	200	-	200	600
得点	170	-	180	-	150	500
得点率	85%	75%	90%	60%	75%	83.3%

■関西大学　総合情報　共通テスト併用　R：L=3：1　現代文受験　2科目

科目	英語		国語		世界史	合計
	リーディング	リスニング	現代文	古文・漢文		
配点	112.5	37.5	150	-	-	300
得点	96	28	135	-	-	259
得点率	85%	75%	90%	60%	75%	86.3%

今回はこの3科目を選択した場合を例に解説していますが、
数学、公民、理科など、他科目も選択できます

るということです。

受験科目のどれかに特化して得意科目をつくっておくと共通テスト利用は成功します。

この共通テスト利用の戦略だけで、今まで自分のやってきた努力を最大限に発揮することができます。受験校の選定で手を抜く受験生が多いのですが、それは非常にもったいないことです。

共通テストの後期（第2日程）の利用も視野に入れて、子どもに合った受験校を探すとよいでしょう。

【共通テスト利用のポイント】

・文系私立専願なら現代文のみで固める戦略もあり。国語の試験で古文・漢文を捨てて、現代文のみ解く。現代文に他の人の2倍の時間を使う。
・科目を減らしたときにはボーダーや倍率が上がることがあるので、情報を確認する。
・共通テスト利用だけでなく、併用や後期も調べる。
・併用入試は英語を削れることもある。
・出願締め切りに注意。
・得意科目をつくっておく。

共通テストで点数が取れなくても逆転は可能

国公立大学を第一志望とする場合には、私立大学を第一志望にする場合とは異なる特別な考慮がいくつか求められることになります。

国公立大学の最終的な志望校は、1月中旬の共通テストの結果をみて決めることになります。具体的には前期日程、中期日程、後期日程それぞれについて、どこの大学を受験するかを決めて出願します。

前述のとおり、中期日程を実施する大学は限られているため、一般的には前期日程では第一志望校を、後期日程では安全を期してより確実に合格圏内にある大学を受けることになります。ただし、公募推薦を利用して第一志望校と同等のランクの私立大学に受かっていたり、共通テスト利用や一般選抜で合格できそうなイメージが湧いていたりする場合は、後期日程の受験校のランクを下げる必要はなくなり、前期と同じ大学に再チャレンジすることが可能となります。

また、私立大学よりも国公立大学に行くことを子どもが強く望んでいるような場合には、共通テストと2次試験の配点を検討して、最終的な志望校を決めてもよいでしょう。

大学によって共通テストと2次試験の配点の比率は異なります。そこで共通テストの点が思わしくなかった場合には、2次試験の配点の比率が高い大学を志望するという戦略が考えられます。特に国公立は2次試験の科目も大学によって異なります。得意な科目に限定して高得点を狙い、その2次試験の配点が高ければ、逆転合格の可能性もあるでしょう。実際に私が指導してきたなかでも、共通テスト（センター試験）でボーダーを大きく下回ったE判定からでも多くの受験生が合格しています。

一方、共通テストで高得点を取ることができたのなら、共通テストの配点の比率が高い大学を選ぶという方法もあります。そうすれば2次試験で少々失敗したとしても逃げ切ることが十分可能です。

各大学の共通テストと2次試験の配点の比率についても、先に触れた「パスナビ」などの受験生向けのポータルサイトや大学ホームページで確認することができます。また、共通テストの約3日後には、大手予備校のホームページから各大学のボーダーを確認できたり、当日の点数を入力することで判定が出るようになったりします。

共通テストを受けた後に必要と感じたら、こうした受験方法もあることを、アドバイスしてあげるとよいでしょう。

受験に必要な情報を集めるのは親の大事な仕事

大学入試では、どの大学を選ぶのか、そしてどの教科・科目に力をいれるべきなのか、どのような入試制度を使うのかなど、合格の可能性を高めるという戦略上の観点から、慎重に判断・決定すべきことが多くあります。

また、判断・決定を行うための情報を集める作業も必要になります。受験に関することうした情報収集は、願書を提出する直前まで行うことになります。もちろん、そのような試験直前の時期は、子どもは受験勉強の「追い込み」に必死になっているでしょうから、子どもが自分でできない場合には親が代わりに情報を適切に集めた上で、状況に応じてわかりやすく整理して示してあげるとよいでしょう。

もし子どもが塾・予備校に通っているのならば、塾・予備校の講師やスタッフのサポートも期待できるでしょうが、そうでなければ親が独力でそうした作業をすべて行わなければならないはずです。

そこで、大学受験や進路に関する情報を集める上で役立つサイトや書籍を、図表6－5にまとめておきました。ぜひ参考にしてみてください。

図表6−5　おすすめの受験情報源

2021年1月末時点

媒体名	概要
AXIV ACADEMY https://axivacademy.com/	大学受験の基本情報だけでなく、東大生による参考書分析に至るまでを網羅。勉強に役立つ情報が満載のサイト。
アクシブ YouTube 予備校 https://www.youtube.com/channel/UCBSqMDIhhsxmZuw-DyxPO2w	動画形式で受験のポイントを懇切丁寧に解説。教科ごとの要点や、大学別の合格のポイントなど、さまざまな動画が常に更新されている。
大学受験　パスナビ https://passnavi.evidus.com/	合格最低点やボーダーライン等、入試に役立つ情報が網羅されている。登録することで、過去問もダウンロードできる。
給料 BANK 一億総かっこいい職業 https://kyuryobank.com/	定番から新時代の職業まで、さまざまな職業の特徴と平均的な給料が、RPG 風のイラストとともにまとめられている。書籍として『決定版 日本の給料&職業図鑑』（宝島社）がある。
「なりたい」が見つかる 職業情報サイト キャリアガーデン http://careergarden.jp/	さまざまな職業の人へのインタビュー記事をはじめ、将来の職業を見つけ出すことに適したサイト。就職活動にも役立つ。
マナビジョン https://manabi.benesse.ne.jp/	ベネッセが運営する高校生向けの進路情報サイト。大学受験に関する情報から卒業後の職業にまつわる情報までがアップされている。
『週刊ダイヤモンド』 （ダイヤモンド社）	週刊誌の毎年恒例の特集として、有名企業の過去の内定者上位大学等のデータをはじめとした貴重な情報が掲載。この企業への入社を狙うならどの大学に行くべきかが一目でわかる。平均年収も掲載されており、さまざまな数値を見て急に目の色が変わる子どもも多い。
『AERA MOOK 進学大学ランキング』 （朝日新聞出版）	週刊 AERA のムックとして毎年出版されている大学総合評価誌。就職率、各種資格合格率、教育環境など、多角的に大学を評価・ランキング付けしている。
『大学の学部・学科が一番よくわかる本』 （アーク出版）	どの学部がいいか全然わからない場合には、目次の興味のない学部をまずは消していき、最後まで残った興味のある学部の部分を読んでもらうといった活用の仕方ができる。そこからオープンキャンパスなどでより具体的に大学や学部、学科を知っていき、志望校を絞り込んでいくことができる。
『会社四季報　業界地図』 （東洋経済新報社）	毎年最新版が出版されている。各業界の動向、企業のランキングが一目でわかるように図解されている。どのような企業があるのかをざっと見た上で、興味のある企業のホームページの採用のページを見ると、将来のイメージをつかみやすくなる。

事務作業は親が一手に引き受けて勉強に集中させる

受験が近づいてきたら試験日のスケジュール調整など、入試に関する勉強以外の事務的なこまごまとしたことも考えなければならなくなります。特に地方から都市部の大学を受験する場合には、地方受験の有無によって、配慮すべき点が大きく変わってきます。

地方受験ができない場合、受験日に合わせてホテル等への宿泊が必要になりますし、さらに往復の移動時間も考えると、少なくとも一両日は日数をとられることになります。

たとえば2月10日、12日、13日に地方受験したい併願校があったとしても、11日に東京で第一志望の大学を本学受験で受けなければならない場合には、10日と12日の受験を受けるべきか否か、慎重に判断することになるでしょう。

まず10日の試験を受けるとなると、それが終わってから東京に向かいホテルに宿泊することになりますが、日程的には非常に慌ただしくなります。そのため「むしろ10日は試験を受けずに、その日の午前中に東京に着くようにして、到着後はのんびりとホテルで過ごし翌日を迎えるべきではないか」と考えることもできます。

一方、12日の試験に関しても、「11日に試験が終わってその日のうちに戻ればもちろん

図表6−6　地方受験と本学受験の日程調整の例（第一志望:B大学）

	試験会場	
	地方	東京
10日	A大学	
11日		B大学
12日	C大学	
13日	D大学	

10日の試験後に移動して1泊し、11日の試験後にも移動する必要がある。

	試験会場	
	地方	東京
10日		A大学
11日		B大学
12日		C大学
13日		D大学

宿泊費はかかるが、B大学の受験に合わせてすべての大学をあえて東京で受験して移動の負担を減らす方法もある。

翌日の試験は受けられる。しかし、そこまで無理して受けるべきかどうか……」などといった判断を求められることになるでしょう。

また、ホテル代はかかりますが、図表6−6のように地方受験のある10日（A大学）、12日（C大学）、13日（D大学）もあえて東京で受験するという選択肢もあります。

このように入試のスケジュール一つとっても、考えるべきことは少なくありません。

そのうえ、「宿泊場所はどこにするのか」「試験会場までの行き方は？」などといったことも検討しなければならないのです。試験の直前期になると子どもは勉強に必死なので、こうしたこまごましたことを考える余裕はありません。

したがって、親が率先して試験会場の場所や行き方、日程などを調べてサポートしてあげることが必要でしょう。

私が指導する際には受験のスケジュールや受験料、出願締め切り日、入学金の額、宿泊の要否などをすべてまとめて生徒に提示していますが、なかには子どものために受験のスケジュールを、エクセルなどを使って上手にまとめている親もいます。

インターネットを使えば情報はほとんど集められますが、情報量が多いため、不明なことがあれば、必要に応じて学校の教師や塾・予備校の講師に相談したり、アドバイスを求めたりしてみてもよいでしょう。

試験前日の過ごし方の注意点

いよいよ入試が翌日に迫った前日、そして試験の当日には親としてどのようなことを心がけておけばよいのでしょうか。

まず試験前日には、子どもに「今までやった内容の確認をする程度にして、今日は早めに休むようにしよう」と言ってあげてください。特に、過去問の演習はやらせないほうがよいでしょう。そこで思うように問題が解けないと、「ああ、明日も同じようにできないかもしれない……」などと強い不安を抱いてしまうおそれがあるからです。

どうしても勉強をしたいというのであれば、基礎的な知識を確認する程度の問題、しかも過去に解いたことのある問題をすすめましょう。それなら、すらすらと難なく解けるでしょうから、「よし、ばっちりだ」と余計な心配をしなくて済むはずです。

また、今まで特に自分が自信をもって勉強してきた教材を見直すのもよいでしょう。今までの努力が見えることで安心できます。前日に今までの教材を積み上げて、これまでの自分の努力を信じるのもよいと思います。

子どもの前日の過ごし方に関して、何よりも大事なことはしっかりと睡眠をとること、翌朝に時間の余裕をもって起きられるよう、適切な時間に寝ることです。もっとも、それまで夜の12時過ぎまで当たり前のように勉強していた子どもが、いきなり午後10時や11時に寝ようとしても、そう簡単には眠れないものです。

そこで、試験の1カ月前になったら、生活リズムをできるだけ朝型に変えるように促します。直前期に、朝早く起きられるよう習慣づけておけば、試験前日も自然と適切な時間に眠れるようになります。

試験当日は〝助走〟の勉強をさせる

今、述べたように、前日は勉強をできるだけ控えておいたほうがよいのですが、試験の際には頭がすぐにフル回転できるような状態になっていることが理想的といえます。

そこで、**脳が全力疾走できるように、試験当日は〝助走〟としてほんの少しばかり勉強をしたほうがよいでしょう。**

たとえば試験会場に到着したら、その日の試験科目が国語の場合には評論文を読む、数学の場合には問題を1問解くなどしておけば、スムーズに頭を試験モードに切り換えることができます。また、英語でリスニングが出題される場合には、耳を慣れさせるためにこれまで使ってきたリスニング用の教材などを聞いておくとよいでしょう。それから、各科目に関して特に苦手に感じているところ、それまでの勉強のなかでどうしても覚えられないところがあれば事前にまとめておくのもおすすめです。

歴史などでは「○○文化がどうしても苦手」「歴代総理大臣とそのときの政党や外交の動きが暗記できない」などというように、特に覚えにくい人名や歴史上の事件、事実などがあります。そうしたものを一覧できるよう、リストにしたものや教材に付箋を付けた箇所を、試験前に見直しておけば、多少苦手なものでも短期的な記憶で点数は確保できるようになります。

こうしたことも、ぜひ子どもにアドバイスしてあげてください。

わからない問題が出た場合の対処法も教えておく

子どもには試験でわからない問題が出た場合の対処法も、事前に伝えておくとよいでしょう。

特に第一志望や滑り止めの大学の試験では焦ります。人生をかけて努力をしてきたことの〝本番の戦い〟ですから、プレッシャーは強くかかります。滑り止めも、この大学は合格しないといけないと、重圧がかかりやすいものです。

たとえば今まで見たことがないような問題が突然現れたときに、多くの受験生は「いったいどうやって答えを出すのか」「時間がないから飛ばすべきか」などと、とまどいや焦りを覚えるはずです。そのような場合には、「目をつぶって、深呼吸するように」と教えてあげてください。

1分ぐらい何もしなくても大丈夫です。とにもかくにも落ち着くことが大切です。そうやって冷静になってもう一度問題を見直すと、「何だ、この問題は○○の知識について聞いているのか」などとあっけなく答えが見つかることがあります。また、どうしてもわからない場合には、思いきってその問題を捨ててしまってもよいでしょう。

一つの問題にいつまでも時間を費やしていると、解けるはずの他の問題も解けなくなってしまいます。

そうしたことを避けるためにも、「できないときは、他の受験生も皆できていないよ。出題者は、わざと難しい問題を出して、できないときに冷静でいられるかどうかをみているんだよ」と言っておくとよいでしょう。当日、問題を飛ばすのも、普段よりも勇気が必要です。安心して次の問題に移ることができるように背中を押してあげてください。

大学受験は満点を取る必要はありません。7、8割の点数が取れればいいのです。逆に言えば、2、3割は捨てても大丈夫だということです。そのことを試験前日や当日に伝えて安心させるとよいでしょう。

試験当日はできる限り試験会場まで同行する

ここからは地方在住の受験生を対象とした話になりますが、試験の初日だけでもいいので、ぜひ、試験会場までついていってあげてください。

地方から都市部に出て受験する場合には、先に述べたようにホテルなどに宿泊することになるはずです。おそらく、ほとんどの高校生はそうした場所に一人で泊まった経験がないはずです。そのため、スムーズに、安心して過ごせるように、サポートしてあげてください。

また、朝、子どもが寝坊しないとは限りません。神経質な子どもの場合は、いつもと違う場所であるということや、試験前日ということもあって、緊張でなかなか寝つけなくなることもあります。

親がそばにいれば、夕食や朝食を食べる場所を先導してあげられます。また一緒にいるだけでも「寝坊して試験に遅れるようなことは防げる」と子どもは安心できるはずです。

そして朝は忘れ物がないか（受験票や筆記具は持ったか）を確認して、試験会場の入り口では「がんばって」「試験を楽しんでいらっしゃい」などと激励してあげてください。

試験前日に泊まるホテルの場所には配慮が必要

親が試験会場までついていくことが難しい場合には、一人で行く子どものためにより細かな配慮が必要になります。

たとえば、ホテル等を予約する場合は、朝の電車の混雑具合を考慮しなければなりません。慣れない都市部のギュウギュウ詰めの電車に乗って、試験会場に向かうことは大変なストレスになります。試験会場までできるだけ混まない路線を使っていける場所にあるホテルを選んであげるとよいでしょう。

また、新幹線や特急列車などを使う場合には、空いている席を探さないですむよう、なるべく指定席を取ってあげてください。

それから、まだ試験会場を訪れたことがないようであれば、できるだけ前日に下見をするよう促してください。特に地方から出てくる場合は、新宿や池袋のような都心のターミナル駅は広すぎるため、時間を気にして焦っている状態では、出口を見つけるのも苦労するはずです。乗り換え時にそうした駅を使うのであれば、試験当日に迷って遅れないようにするためにも、駅構内の移動経路を確認させておくべきです。

大学に受かった後には一人暮らしの訓練をさせる

最後に、子どもの努力とがんばりが実って、無事、合格を果たすことができた後のことについても触れておきましょう。

これほど努力を重ねて、念願の志望校に入学できたにもかかわらず、残念ながら大学を中途退学してしまう学生もいます。割合としては4年間で約1割と、決して少ない数ではありません。

経済面以外での中退の大きな理由の一つとして、生活リズムの乱れがあげられます。授業の欠席を繰り返し、単位を落として留年。次第に友人とも距離ができて孤立していき、大学に通い続けることが難しくなっていくというものです。

特に地方の実家を離れて一人暮らしをする場合は、洗濯や掃除をはじめ、今まで親任せにしていた生活のあらゆることを自分で行わなければなりません。それに加えて学費や生活費をまかなうためにバイトに時間を割かなければならない学生も多いでしょう。そうした慣れない生活をしていると次第に疲弊してきて、どうしても生活が乱れがちになります。

そこで、入学するまでの間に、洗濯や料理などを教えて実際にやらせてみる、朝も親に起こされることなく自分で起きるようにするなど、一人暮らしの訓練をぜひさせてください。こうした事前の準備期間があるかないかで、おそらく大学生活に対する気構えも大きく変わってくるはずです。

「親の出してくれるお金を無駄にしないよう、大学ではしっかりと勉強しよう」という気持ちが生まれることも期待できます。

環境と偏差値は適切な情報によって変えることができる

受験に成功したいと願うのは誰もが同じであり、一人一人の生徒、またその一家族、一家族に強い思いがあります。周りから投げかけられるネガティブな言葉に負けず、泣きながら必死にがんばる生徒、家計が苦しいながらも、子どものことを考え、懸命にサポートし、ときには涙を見せながらも熱心に話を聞きに来た親御さん。

長年、予備校で指導してきたなかで、さまざまな思いを抱きながら受験に挑む生徒たちと、それを支える親御さんたちの姿を目にしてきました。

一方で、親御さんや先生など周囲の大人が子どもの夢を押し潰す場合もあります。子どもが自分の将来を真剣に考え努力しているのに、「その大学は無理だ」「どこに行っても同じ」「あなたのことは親である自分が一番わかっている」「あなたにはそこまでの才能はない」などと自身の固定観念や価値観を押し付ける親や先生がいます。結果として、そうした親や先生の意見・見方が正しいこともあるでしょう。

しかし、子どもの成長には想像を超えるものがあります。周りが一方的に決めつけていた限界を生徒が強い意志と必死の努力によって乗り越える例を、私は何度もみてきました。

子どもが限界を乗り越えるためのターニングポイントを、親がつくってあげることもできます。子どもが自分で決めた目標を否定せずに、ぜひ、応援してあげてください。「それは素晴らしい、がんばって」と励まし、積極的に子どもを後押ししてあげましょう。

私は、入校を希望する高校生に対して、日ごろの生活習慣を知る目的で、1週間をどのように過ごしているのかを尋ねています。すると、「何をやっていたかわからない」「ぼーっとしていた」「ただただスマホを見ていた」という回答が多く返ってきます。

そのたびに、私は「高校時代という人生で一度しかない貴重な時間を無駄にさせたくない」「高校生という〝可能性の塊〟が、このまま全く動き出さないままでいたら、後悔をするに決まっている。そんな思いはさせたくない」と強く思うのです。

もちろん大学に入ることが人生のすべてではありません。

私の予備校に通っていた生徒のなかにも、将来について深く考えた結果、「やはりパティシエになりたい」と言って専門学校に行き、その後、海外にお菓子づくりの勉強に行った子がいました。

重要なことは、今の自分と同じくらい、将来の自分も大切にすること、つまりは自分の未来について熟考し、なりたいと思う自分を実現するために人生の戦略を練り、その達成に向かって努力することです。そして、そのためには適切な情報にアクセスすることが不可欠になります。

金銭的な理由など環境が整わないために、あるいは偏差値が足りないために、行きたいと思っていた大学を諦める受験生がいます。しかし、環境も偏差値も、ここまで幾度も触れてきたように適切な情報を得ることで変えることができるのです。ぜひ、本書を手がかりに、その手助けをしてあげてください。

おわりに

親にとって、子どもはいつまでたっても子どもでしょう。

たとえ高校生になっても、わが子が生まれたときに抱いた、「この子を絶対に守らなければ」「幸せになってほしい」「立派に育てなければ」などといった親としての思いや愛情に変わりはないはずです。

そんな、子どもを大切に思う親の心を大いに悩ますのが大学受験の問題です。

そもそも大学に進むのか、それとも就職するのか、また大学に進学するとしてどの学校を志望するのか、さらには志望する大学に落ちたら浪人も辞さないのか――。

子どもが回答を迫られることになるこうした問題の数々は、どれも簡単に答えが見つかるものではありません。どのような答えを出すかによって、その後の人生が大きく変わってしまうのですから慎重に慎重を重ねて、熟慮の上に判断しなければなりません。

もちろん最終的に決断するのは子ども自身ですが、自ら下した決断を後で悔やまないようにするためには、親も一緒に考えてあげること、子どもの判断が適切なものになるよう積極的にサポートすることが必要になります。

特に、進路を決める上で必要となる、受験や大学に関する情報を集めて子どもに提供することは重要です。

本書で触れたように、大学受験は年々複雑化しています。そのなかでいかに情報を集めるかは、志望校を決めるときはもちろん、その大学に合格するための勉強方法など、具体的な受験戦略をまとめる上でも大切になります。

また他にも、子どもの受験に対する興味・関心を促したり、勉強へのモチベーションが高まるよう家庭内の環境を整えたり、残された時間を無駄なく効率的に使うための方法を助言したり……などなど、親が子どもの受験のためにできることは数多くあります。

親がこうした取り組みをどれだけ熱意をもって行うかによって、子どもの進路の可能性がより広くもなれば、逆に狭くもなります。親が本気で子どもの未来を一緒に考えることは大学受験においても求められるのです。

とはいえ、親が独力で子どもの受験をすべてサポートすることは決して簡単ではないでしょう。そこで、必要に応じて、外部の専門家に相談したり、アドバイスを求めたりすることをおすすめします。

たとえば高校には進路指導を担当している教員がいるでしょうし、塾・予備校に通っていれば講師やスタッフがいつでも相談に応じてくれるはずです。

私の運営している予備校のウェブサイトでも、大学受験に関する最新情報を適宜アップデートしています。受験生が悩まされがちな問題等についても取り上げているので、子どもの受験に関して気になること、知りたいことがあれば答えやヒントが見つかるかもしれません。

ぜひ、本書と併せて活用してみてください。

2021年4月吉日

アクシブアカデミー代表　鈴木優志

鈴木優志（すずき・ゆうじ）

アクシブアカデミー代表。受験業界によくある授業の提供のみにとどまった既存のサービス形態に疑問をもち、大学4年生で起業。生徒に合わせた学習管理や情報収集のノウハウを体系化し、合格までサポートする受験戦略を考案。生徒の潜在的な夢や目標を明確にすることで主体的な学習へと導き、短期間での飛躍的な成績向上を実現している。暗く長い受験の道のりを照らしたいという思いから、学習計画を可視化するアプリケーションを開発し、特許を取得。現在は現場での指導を行う傍ら、東大生をはじめとする難関大生と共に過去問や参考書の分析を行い、全国の塾・予備校に勉強法や分析結果を提供している。高校や塾、予備校での講演実績多数。

大学受験
志望校に「合格する子」の親がやっている６つのこと

2021年５月31日　第１版第１刷発行

著　者　　鈴木優志

発　行　　株式会社ＰＨＰエディターズ・グループ
〒135-0061　東京都江東区豊洲5-6-52
☎03-6204-2931
http://www.peg.co.jp/

印　刷
製　本　　シナノ印刷株式会社

ISBN978-4-909417-67-1